Carl Ludwig Schleich

Erinnerungen an Strindberg
nebst Nachrufen für Ehrlich
und
von Bergmann

Schleich, Carl Ludwig:
Erinnerungen an Strindberg nebst Nachrufen
für Ehrlich und von Bergmann
Hamburg, SEVERUS Verlag 2011.

ISBN: 978-3-86347-097-5
Lektorat: Norina Kroll
Druck: SEVERUS Verlag, Hamburg, 2011

Der SEVERUS Verlag ist ein Imprint der Diplomica Verlag GmbH.

Bibliografische Information der Deutschen Nationalbibliothek:
Die Deutsche Nationalbibliothek verzeichnet diese Publikation in der Deutschen Nationalbibliografie; detaillierte bibliografische Daten sind im Internet über http://dnb.d-nb.de abrufbar.

Die digitale Ausgabe (eBook-Ausgabe) dieses Titels trägt die ISBN 978-3-86347-112-5 und kann über den Handel oder den Verlag bezogen werden.

© **SEVERUS Verlag**
http://www.severus-verlag.de, Hamburg 2011
Printed in Germany
Alle Rechte vorbehalten.

Der SEVERUS Verlag übernimmt keine juristische Verantwortung oder irgendeine Haftung für evtl. fehlerhafte Angaben und deren Folgen.

Strindberg-Erinnerungen

Lange habe ich den Ermunterungen, von Strindberg zu erzählen, widerstanden. Sie wiederholten vielfach Freunde, die um meine Beziehungen zu August Strindberg, dem eigenartigsten Genie des europäischen Nordens wußten und alle unsere gemeinsamen Schnurren und Gedankengänge kannten. Ich schwieg, einmal, weil sein augenblicklich im Vordergrunde der Zeitgenossenschaft hell auflodernes Dichterwerk viel kompetentere Würdigungen erfahren muß als durch unsereinen, und zweitens, weil die meisten meiner Erlebnisse mit Strindberg so intimer Natur sind, daß es fraglich erscheinen mußte, ob es meiner Feder gelingen könne, hier irgend etwas Typisches und Charakteristisches wertvoll festzuhalten. Dennoch will ich hier von ihm plaudern, weil bisher wenig Brauchbares über ihn geschrieben wurde – noch jüngst ist eine recht arge Bezeichnung mit unzulänglichen Mitteln an einem für den Zeichner zu großen Gegenstande versucht worden – und ferner, weil Strindbergs Stern gerade in unserer Zeit über den Bergen des Gewesenen aufzusteigen beginnt und mit einer Flugbahn, deren Schnelligkeit für die nicht mit seinem Genius Vertrauten etwas Verblüffendes hat, so daß man, an meteorisches Aufglühen und langsames Wiederverlöschen gemahnt werden könnte. Gerade in dieser Epoche von Strindbergs erstem Einlaß in die Walhalla des Gedächtnisses mag es von Wert sein, einiges über ihn zu erfahren, weniger von dem Dichterischen, als dem Menschlichen, mehr von dem denkenden Geist, als von dem formenden Künstler. Ich möchte ihn in einem schnell umrissenen Totalbilde zu zeigen versuchen, so daß ich meine innerste Überzeugung auch öffentlich zu begründen imstande wäre, daß er nämlich die bedeutendste Persönlichkeit und der größte Kämpfer um den Sinn dieses Lebens, dem ich begegnet bin. Aber ich nehme den Befähigungsnachweis dafür nicht nur aus meiner innigen und tiefen Freundschaft für ihn allein, sondern auch alle seine mir gewidmeten Erinnerungszeichen, Bilder, Schriften, Bücher, Briefe tragen den stets von seiner Hand sorgfältig gezirkelten Siegel: „dem gode Freund". Auch bin ich von dem Mißtrauen gegen die Nächsten, das Strindberg überfiel oder vielmehr immer in ihm glomm wie eine ununterdrückbare Naturgewalt, glücklicherweise bewahrt geblieben. Er hat mir rückhaltlos sein Herz eröffnet. Ich denke, er könnte auch diese Zeilen ruhig lesen, wie er da solche Möglichkeit bestimmt kraft seines Glaubens an ein Jenseits unter Diesseitsbetätigung erwartete. Also, sieh mir bei dieser Niederschrift über die Schulter, mein großer, guter Freund!

Es war anfangs der neunziger Jahre, als eines Tages mein Kollege Dr. Max Asch mit einem mir Unbekannten in mein Arbeitszimmer trat. „Hier bringe ich Ihnen Strindberg." Mich durchfuhr es doch eigentümlich, dem längst verehrten Manne so plötzlich ins Auge sehen und ihm die Hand herzlich schütteln zu können. Unwillkürlich dachte ich: „Beethoven". Das Promethische stand auf der hohen Stirn, sprühte merkwürdig scharf und leidend zugleich aus den durchdringenden blaugrauen Augen, riß die wirren Locken flammend zur Höhe und verspritzte noch in den Strähnen des kurzen energischen Katerbartes, der über einem ungemein leiblichen, beim Begrüßen fast frauenhaft-kleinen, faltig und rundlich gespitzten Munde nach rechts und links trotzig-ironisch verblitzte. Ein sehr anziehendes Grübchen verstärkte noch die Liebenswürdigkeit der Begrüßungsgeste. Bald aber zog ein finsterer, grübelnder Schatten über das verwetterte Antlitz, daß eine Mischung von Steuermann und Husarenoberst gab. Strindberg war mittelgroß, von sehr gedrungenem Körperbau, die Glieder beinah barock-muskulös. Die Brust sehr breit und meist stolz in tiefem Atemzug gehoben, der gewaltige Kopf sehr selbstbewußt emporgehalten, schien jeglicher Beugung oder graziöser Senkung abhold. Die Bewegungen waren von einer fast pedantischen Ruhe und Bedächtigkeit, sie hatten eine steife Würde, und die Analytiker, die aus Gang und Gehabe Seelenzeichen lesen wollen, konnten an Strindbergs schwerwellendem, körperlichem Rhythmus leicht erkennen, daß ihm allzeit etwas an flüssiger, natürlicher Grazie mangelte, an deren Stelle eben oft eine überstrenge Unerbittlichkeit anklagender Mienen trat. Ja, das war der Mann der letzten Konsequenz jedes seiner Gedanken, der nirgends haltmachte, wo andere mit versöhnlicherem Abdämpfen das Licht ihrer Wahrheit dem armen Menschenauge wohltätiger hinreißender gestaltet hätten. Das gilt nicht nur von seinen Romangebilden und Bühnencharakteren, von den Konflikten und ihrer Austragung bis zur seelischen Zerfleischung und Niederstreckung beider Gegner, das gilt, was die Menge jetzt kaum noch ahnt, in noch viel höherem Maße von seinen tiefgründigen und sonderbaren Meinungen über Natur, Welt, Gott und Teufel. Er hatte wirklich so ein Aussehen, als würde der Hammer Thors gut in seine Hand gepaßt haben, und nur jener milde, auffällig graziöse Zug um den Mund und um den für das Riesenskelett des Kopfes eigentlich zu kleinen Unterkiefer gab Kunde von der ungeheuren Weichheit und mimosenhaften Empfindsamkeit dieser wunderlichen Seele.

Es war die leidige Not einer damals fast ahasverischen Unrast, die Freund Asch, der meine tiefe Neigung zu dem Dichter Strindberg kannte, veranlaßte, mich mit ihm bekannt zu machen. Was zu tun war, ward getan, und ich will hier nur bezeugen, daß die bescheidenen Erleichterungen, welche wir dem „müden Pilger nach Erkenntnis und ein bißchen Glück", wie er sich nannte, angedeihen lassen konnten, fast stets heimlich auf die Post nach Schweden abgesetzt wurden – für zwei Frauen und seine Kinder. Und so war Strindberg immer arm, was auch geschah, und immer in einer Art Katzbalgerei um das Alltäglichste. Seine Sorge um seine von ihm geschiedenen Frauen hatte stets jenen selbstverständlichen Zug von Ritterlichkeit und natürlicher Noblesse, von dem er gelegentlich behauptete, „daß er der Kern der Männlichkeit sei!". „Die Höflichkeit einer Frau", sagte er einmal, wird mit dem Glacéhandschuh ausgezogen, die unsere liegt auch noch auf der nackten Schwielenhand!" In solchen Antithesen war er unerschöpflich, verstieg er sich doch einmal zu dem lapidaren Satze: „Die richtige Mutterliebe kann nur der Mann empfinden!" Er dachte immer an die Seinen, und es verflocht ihn mit allen, die um ihn und die er gelitten, wirklich so etwas wie eine unsichtbare, goldene, feine Nabelschnur von einer in der Tat beinahe weiblichen Empfindsamkeit. Das ist ja das Rätselhafte einer solchen Kämpfernatur, wie der seinen, daß hier das Zarte, Weibliche in engster Umklammerung mit dem brutalen Hohn bis zur Grausamkeit gepaart lag. Doch ich will einer Auseinandersetzung mit dem bekannten Kernproblem Strindbergs hier nicht vorgreifen.

Von dem Augenblick unserer Bekanntschaft an sind wir ein volles Jahr wohl täglich zusammen gewesen. Das vertrauliche Du ward bald Bedürfnis, und oft, lange bevor abends jenes berühmte Lokal des „schwarzen Ferkels" bei Jul Türke einem skandinavischen Kreis und seinen Berliner Anhängern bei gastlichen Pforten öffnete, war ich mit Strindberg in meinem Laboratorium zusammen, um Farben zu mischen, chemisch zu experimentieren, zu mikroskopieren, photographieren, zu musizieren, zu malen, Kontrapunkt zu studieren usw. usw.

Zu allen diesen Dingen hatten wir gemeinsame Beziehungen, und auf jedem Gebiete hatte er eigene, oft verstiegene, aber immer überaus interessante Gedanken. Damals war Strindberg ein überzeugter Monist, ein Mechanist des Lebens von reinstem Wasser. Alles, was ich meinerseits zur Mechanik in der Biologie beibringen konnte, so z.B. die Vermutung eines aktiven Hemmungsapparates im Gehirn, interessierte ihn auf das lebhafteste. Überhaupt sei die ganze Physik und Chemie zurückzuführen auf Kraft und Hemmung, welche das ganze Getriebe der Welt unterhielten. Dann meinte er mit unnachahmlicher, triumphierender Freude: Hast du ihn endlich erwischt, den Gott und den Teufel!" Freilich hat Strindberg sich später unendlich gewandelt, aus dem Mechanisten wurde schließlich ein Mystiker, und an die Wirksamkeit des Teufels glaubte er buchstäblich so, wie er ihn in seiner „Kronenbraut" herumschwänzelnd, spukend und versuchend auf die Bühne gebracht hat. Konstruierte er damals die Welt aus einer einzigen natürlichen Urkraft, so war sie ihm später bevölkert von Dämonen, Kobolden, guten und bösen Geistern. Es waren aber damals schon manche mystischen Neigungen in ihm, so kokettierte er mit Swedenborg, Jacob Boehme und Paracelsus. „Hast du nicht schon bemerkt – wenn es einen Namen gibt, dessen Besitzer du gekränkt hast, daß du die ganze Straße entlang vier-, fünf-, sechsmal an Schildern und Haustüren ihn liest, wo er früher gar nicht stand. Er taucht auf, dich zu peinigen. Es wird gemacht, dir zur Qual!" Das konnte er ruhig und allen Ernstes schon damals sagen, und als ich ihn viele Jahre später in Stockholm besuchte, ihm vom Tode meines Vaters erzählte, der mich immer als „reinen" Mediziner sehen wollte und dem zuliebe ich meine literarischen Triebe arg beschnitten hätte, während ich mich jetzt gewaltsam zum Schriftstellern gedrängt fühlte, da sagte mit schön-verschmitztem Lächeln, wie etwas Selbstverständliches: „Er hat es eingesehen, er läßt dir frei!" Dabei will ich bemerken, daß Strindberg fehlerhaft Deutsch sprach, sich aber klar und bestimmt über die schwierigsten Dinge, wenn auch gebrochen, äußern konnte, wobei die drolligsten Wendungen mit scharf geschnarrtem „r" und langgeschleiftem „s" zutage kamen. So dekretierte er einmal dokumentarisch, als wir von unseren jungdeutschen Realisten und Veristen sprachen: „Aberr sie sind ja Photograffen! Laß ihnen lauffen, diese Rrr-eisebeschreiberrn!" In allem Wissenschaftlichen war er von einem unglaublichen, manchmal ganz naiven Skeptizismus und von einer herzerquickenden Berserkerwut gegen alles Autoritative. Ging er doch so weit, daß er meinte, alles sog. Gelehrte, Objektive sei immer im Anfang der Subjektivismus eines Genies gewesen, das nur so lange als objektiv gelte, bis ein größeres Genie alles wieder umkrempelte. Eine Mordswut hatte er auf die seiner Meinung nach kindlichen Beweise für die Kugelgestalt der Erde. Selbst gegen den Foucaultschen Pendelversuch hatte er den Einwand: „Man tut so, als sei die Kirchturmspitze ein archimedischer Punkt. Aber laß das beiseite, wie ist es mit dem Rundgang um die Erde von einem Punkte aus, zu dem man wiederkehrt? Abgesehen davon, daß noch niemand diese Reise zu Fuß gemacht hat, ist es bei einem Teller nicht ebenso? Wenn die Masten eines Schiffes auf hoher See zuerst zu sehen sein sollen wegen der Rundung der Erde, so sage ich dir: Du siehst schon auf ein paar hundert Meter wegen der Strahlenirradiation von einem Pflock auch nur den Kopf! Und solches Zeug lehrt man auf Schulen! Erich Hartleben war dabei, und es wurde spät in einer hellen Sommernacht beschlossen, dies letzte Argument experimentell zu erproben. Mit einiger Mühe wurde von einem alten Budenweibe ein arg zerfaserter Besen käuflich erworben, und wir drei wanderten zum Panoptikum, Eingang Friedrichstraße. Es wurde beschlossen, daß Hartleben sich zur Leipziger Straße zu begeben hätte und hier in der Mitte des asphaltierten Fahrdammes, mit dem Besen aufgepflanzt, Büschel nach oben, sich posieren solle. Strindberg und ich waren bereit, die Vorderfläche unserer Kleider der Wissenschaft zum Opfer zu bringen und legten uns lang zum Ausflug auf den Asphalt. Aber der Schwede hatte nicht mit der preußischen Polizei gerechnet. Kaum lagen wir blickbereit, da herrschte uns ein Schutzmann an unter stark beleidigenden und unsere wissenschaftliche Qualifikation stark in Zweifel ziehenden Verdächtigungen, daß wir uns von der Stelle zu scheren hätten. Hier sei kein Nachtasyl. Mit dem ganzen Aufwand unserer Gelehrtenüberzeugung gelang es uns endlich, den Schutzmann über die Wichtigkeit unseres Experimentes aufzuklären, und es ist gewiß ein rührendes Beispiel für den wissenschaftlichen Geist unserer Polizei, daß dieser Wachmann sich beinahe zu uns gelegt hätte, um die Rundheit der Erde definitiv abzutun. Aber die Sache hatte ebensoviel Zeit gekostet, als sie Otto Erich Hartleben zu lang geworden war, und so erschien er denn, den Besen in der Hand, fauchend und pustend: „ihm sei die Sache zu langweilig geworden"! So fiel unser schönes Experiment ins Wasser und wir zweifelten weiter an der Kugelgestalt der Erde. Ebenso naiv trottete Strindberg eine Zeitlang jeden Vollmondtag auf die Sternwarte, um stundenlang den Mond durch ein Teleskop zu betrachten und sorgfältig die Mondreliefs zu zeichnen. „Was suchst du eigentlich dort am Monde?" fragten wir ihn einst dringend. „Das Spiegelbild von Europa!" lautete die Antwort. „Hast du den Stiefel von Italien schon gefunden?" fragte nach einer Verblüffung Richard Dehmel. Da fuhr Strindberg ganz ernst auf: „Woher weißt du, daß es ein Stiefel ist? Wer hat ihn je gesehen? Soll ich den Lithographen mehr glauben dem klaren Spiegeleis vom Monde?" Man denke nicht gering von Strindbergs wissenschaftlicher Ausbildung. Wenn auch vieles bei ihm verschrullt und unklar war, so hat er doch große Intuitionen gehabt: ich erinnere nur an seinen „Silva Silvarum", in dem eine erstaunliche Fülle botanischer Ahnungen enthalten sind, die schon heute durchaus diskutabel geworden sind. So seine Gedanken über Pflanzenreizbarkeit, ihre nervöse Tätigkeit, ihren Schlaf und ihr Wachen, ja über ihre Seele. Das sind alles Dinge, von denen heute durchaus ernst gesprochen werden kann, und ich werde oft an Strindberg erinnert bei der Lektüre neuester Fortschritte auf dem Gebiete der Pflanzenphysiologie. Es war ein geradezu goethischer Naturtrieb in Strindberg, der die Dinge der Natur sehr ernst nahm und ein erstaunliches Wissen in Chemie, Botanik und Sternkunde besaß, eine Universalität der Neigungen jedenfalls, die für mich beispiellos gewesen ist. Ich werde gleich davon erzählen, wie er als Sieger aus einem Disput mit einem ersten Chemiker Professor Landolt hervorgegangen ist. Ich will hier nur bemerken, daß ein Unterschied zwischen Goethischer und Strindbergscher Forschung besteht. Goethe suchte überall die Urphänomene und hatte ein ganzes Heer von Mitarbeitern, die ihm, dem Minister, Spezialfragen lösten. Strindberg suchte wie ein Ingenieur nach Betriebsgeheimnissen, Mechanismen, Verschiebungen und Umschaltungen gegebener, dauernd fließender Bewegungen und – war ganz einsam. Nur in der Ablehnung, die beide bei den Fachgelehrten fanden, waren sie gleich. Und wenn Du Bois-Reymond fünfzig Jahre nach Goethes Tod ihm jede Qualifikation zur Naturforschung absprach, so möchte ich nicht hören, was nach gleicher Spanne Zeit ein „exakter" Naturforscher über Strindbergs Arkana sagen wird, falls bis dahin überhaupt jemand sich bemüßigt gefunden haben wird, in die vielen naturwissenschaftlichen Arbeiten und Bände dieses geistigen Riesen hineinzublicken. Auch er möchte leicht den Dichter an seine Leisten weisen, und doch glaube ich, daß es leicht sein kann, daß einst der Denker Strindberg ebenbürtig neben den Dichter erhoben werden wird. Vorläufig schreckt die Vielen noch das ungeheure in Angriff genommene Feld seiner Untersuchungen, die er nicht mit der Ruhe Goethes unternahm, sondern in einem leidenschaftlichen Ansturm der Gedanken mit einer Heftigkeit, wie sie Goethe nur in der wundervollen Attacke gegen den toten Newton in seiner Farbenlehre fertiggebracht hat. Strindberg kämpfte so heiß, nicht weil er wußte, sondern weil er glaubte und ahnte. Seine Beweisführung strotzt von Hohn und Aufreizung. Es ist, als wenn er, statt sachlich zu überzeugen, immer auf jemand einredet. Seine Argumente haben immer etwas von dem knappen, unerbittlichen dramatischen Ton seiner Dichtungen. Sie sind Selbstgespräche, die eine Welt hören sollte. Es war etwas Mittelalterliches, aber ferndeutsch Protestantisches in ihm. Dieser Hang ins Uralte führte ihn, den Modernsten der Modernen, doch schließlich zur Alchimie und hart zur Sphäre des Steins der Weisen. So ward ein Strindberg ein Goldsucher.

Man muß sich Strindberg nicht als den finsteren, geheimniskrämelnden Alchimisten, als einen, gleich den Okkultisten, stets halb betrogenen Betrüger vorstellen, sondern seine auf der Überführbarkeit der Metalle und der Spaltbarkeit der Elemente aufgebaute Theorie bestätigte sich beinahe in einer spielerisch-humoristischen Weise. Tragisch hat er das Motiv des Goldfinders erst später in einem seiner phantastischen Bühnenwerke benutzt. Nie werde ich sein verschmitztes Kinderlächeln vergessen, als er mir eines Tages seine Metallblättchen, ähnlich unserem zwischen Seidenpapier aufbewahrten käuflichen Rauschgoldschaum, vorzeigte und schmunzelnd sagte: „Untersuch' es! Es ist Gold, das ich gemacht habe!" Ich schlug vor, es berühmten Chemikern, wie Liebreich oder Landolt, vorzulegen. Er war Feuer und Flamme für diese Idee, und so pilgerten wir denn eines Tages zuerst zu Liebreich und dann zu Landolt, die ihn beide wohl wie einen Narren behandelt hätten, wenn ich nicht, als ein Mann von einiger wissenschaftlichen Reputation, über ihn eine Art Regenschirm hätte halten können. Liebreich versprach eine ausführliche Untersuchung, zu der er aber fünfzehn Jahre nach diesem Besuch noch keine Zeit gefunden hatte. Landolt aber ging sofort ans Werk und bestellte uns nach einigen Tagen wieder zu sich. Da entspann sich jenes denkwürdige Gespräch, das die Zeit, die alleinige beweglich gestellte Wage der Wahrheit, meiner Meinung nach eben zugunsten Strindbergs entschieden hat. Landolt fragte ihn: „Woraus haben Sie das gemacht?" – „Aus Kupfer." – „Was soll das sein?" – „Gold." – „Nein, es ist kein Kupfer, es ist auch kein Gold. Ich weiß nicht, was das ist – ich habe solch Zeugs noch nie in der Hand gehabt!" „So ist es vielleicht ein Übergang, eine Zwischenstufe!" Ich bemerke hier, wie wenig eigensinnig Strindberg auf seinem Schein bestand, Gold gemacht zu haben, wie es ihn nur auf die Idee der Überführung und Wandelbarkeit der Metalle ankam. Er suchte nicht Gold, er suchte nur ein Naturgesetz. Darauf sprach Landolt die denkwürdigen Worte:

„Mein Lieber! Wenn Sie mir je den Beweis erbringen können, daß ein Metall sich in ein anderes verwandeln läßt, so werde ich vor Ihnen meinen Hut bis zum Boden ziehen, und dies Blättchen Metall wird Sie zu einem großen Chemiker machen!" Strindberg verbeugte sich mit ironischem Stolze, als nähme er einen Vorschuß auf diese Unsterblichkeit, und sagte: „Wer weiß es! Vielleicht erleben wir es beide noch!" - Niemals!" rief Landolt und verabschiedete uns gewiß in der Überzeugung, ein paar Narren mehr auf der Welt begegnet zu sein. Und siehe! Ein Jahrzehnt mehr, und wir sehen, ausgerechnet ein Weib mußte einem Strindberg und der Welt die Freude machen (Madame Curie), das Radium zu entdecken – wie Strindberg später meinte, ein Hochzeitsgeschenk ihres verliebten Gatten – das Radium, welches sich selbsttätig über das Helium in Blei verwandelt! Nicht ohne Rührung kann ich die in meinem Besitz befindlichen Goldflitterchen Strindbergs betrachten, ging es ihm doch, wie seinen Alchimistenahnen, sie fanden das Gold nicht, aber nach ihnen machte die Chemie indirekt industrielles Gold in Hülle und Fülle, und kaum hat dieser Genius die Augen für immer geschlossen, da strömt das Gold seiner Dichtungen in Menschenherzen und in Menschenkassen, freilich nicht mehr in die seinen. Aber er hat es gewußt, daß es so kommen würde, denn zwei Jahre vor seinem Tode schrieb er mir: „Wie ist es wunderlich! Wie langsam geht alles voran. Und doch wirst du Jüngerer es noch erleben, daß man sich um meine Stücke reißt!" In unseren Tagen werden Strindbergs Stücke an mehreren Theatern Berlins gleichzeitig aufgeführt und zugleich an Hunderten von Bühnen Deutschlands. Geheimnisvolles Gesetz des großen, bleibenden Erfolges, daß er erst einsetzt, nachdem ein erhabener Stern aus Sehnsucht nach ihm sich verzehrt hat! Einmal im Leben hat Strindberg so etwas wie ein Vermögen von sechzigtausend Kronen besessen: es schmolz als Einlage auf dem heißen Boden des Strindberg-Theaters in Stockholm, und die ansehnliche Nationalspende des schwedischen Volkes gab er den Armen Stockholms zurück!

Doch mehr von Erlebnissen! Wie schön waren diese Abende in dem kleinen Stübchen der Weinstube in der Neuen Wilhelmstr., „Das schwarze Ferkel", die ihren Namen nach einem gefüllten bessarabischen Weinschlauch trug, der unter sehr oberflächlicher Ähnlichkeit mit einem dunklen Borstentier unter dem Pfosten der Eingangstür pendelte. Hier fanden sich Munch, Hansum, Dehmel, Przybyszewski, Scheerbart, Asch, Elias, Hartleben, Evers und viele, viele andere ein, auch sein früherer Biograph Adolf Paul. Dort haben wir ein Dichterheim gehabt von großer Eigenart mit klassischem Anstrich. Hier tönten Lieder, hier flammten Gespräche und Autodafés der Literatur, hier langte unter aller Zentralstern, Strindberg, ab und zu zur Gitarre und sang seine einzige Ballade: „Denn der Russe ist tot. Schlagt ihn tot! Ist er nun ein Korporal oder General, sterben muß er zumal!" Hier aber auch saßen wir einst zu dritt: Strindberg, ein japanischer Hauptmann und ich, und haben eine ganze Nacht damit verbracht, uns unsere schönsten Volkslieder im Wettstreit vorzutragen und um die Palme nationaler Dichterurkraft zu ringen. Hier erschien eines Abends der greise Holger Drachmann, eine der schönsten Frauen, die ich je gesehen habe, am Arm. Kaum hatte sie das überfüllte Stübchen betreten – wir feierten gerade an festlicher Tafel irgendeinen Gedenktag – als sie, umherblickend im Kreise, einen Champagnerkelch ergriff und ausrief: „Wo ist August Strindberg?" Alles zeigte auf ihn, der im äußersten Winkel hockte. „Strindberg! Komm her, gib mir einen Kuß!" Und breitete die Arme. Jetzt geschah etwas Verblüffendes: Der berühmte Frauenhasser stand auf, zog merkwürdigerweise seinen Frack mit gravitätischer Entschlossenheit aus, stampfte quer über den weinbestandenen Tisch und küßte diese Frau so dauernd und nachdrücklich, daß Drachmann die Uhr zog und resigniert-lakonisch meinte: „Zwei Minuten sind es lange!" Endliche Entschlingung, und Strindberg ging gleichen Weges an seinen Platz und zog den Frack wieder an. Kein Mensch konnte je erfahren, warum er sich dessen zu diesem eigentlich unschweren und angenehmen Werke entledigt hatte.

Diese Nacht endigte mit dem unaufhörlichen Absingen zu dritt: Drachmann, Strindberg und mir, von Fescas Reiterlied:

> Die bang Nacht ist nun herum,
> Wir reiten still, wir reiten stumm,
> Wir reiten ins Verderben!
> Wie weht so kühl der Morgenwind –
> „Frau Wirtin! Noch ein Glas geschwind,
> Vorm Sterben, vorm Sterben!"

Drachmann erklärte das Lied für das schönste Deutschlands und machte die interessante Bemerkung, daß man im Auslande Deutsch nur durch Lektüre von Heine-Liedern lernen könne. Worauf Strindberg bissig antwortete: „Natürlich! Die Menschen lernen Meisterwerke am besten durch gute Kopien kennen. Lies Goethe, mein Lieber, darin ist doch noch mehr Deutsch. Oder Luther und die Bibel: ‚Ja, ich vergebe meinen Feinden, aber erst, wenn ich ihnen die Knochen im Leibe zerschlagen habe.' Das ist Luther- ‚Deutsch'!"

Aber, wie schon erwähnt, man würde Strindberg arges Unrecht tun, wenn man ihn aus dem Milieu dieser Bohème allein zureichend zu beschreiben suchte. Es war eine Bohème, aber doch eine sehr gehaltvolle und geistig gehobene, und wild war daran eigentlich nur der

Hummelschwarm der ihn umsummenden Neugierigen zweiter Klasse. Die Namen der oben genannten Stammtischgenossen bezeugen zur Genüge, welch eminent geistigen Gehalt diese Tafelrunde aufweisen konnte, deren eigentlich stiller und ruhiger Pol der große Schwede war. Strindberg trank bedächtig und viel, konnte aber ungeheure Mengen ungestraft zu sich nehmen, und nicht ein einziges Mal habe ich ihn der ruhigen Würde seiner gewaltigen und faszinierenden Persönlichkeit entgleisen sehen. Die staunenswerte Kraft seiner Produktion, vierzig Bände und ein noch völlig unübersehbarer Nachlaß, beweisen wohl ausreichend, daß ihn niemals sein eiserner Fleiß verließ. – Einst hatten wir eine Studienfahrt mit einem berühmten Kriminalkommissarius gemacht und höchst sonderbare Begegnungen gehabt bis tief hinein in die Nacht. Als ich ihn am nächsten Morgen in seiner kümmerlichen Hotelstube aufsuchte, saß er noch an seinem Pulte und zeigte mir einen Stoß von engbeschriebenen Seiten – die Resultate seiner nächtlichen Beobachtungen. Und in welch einer Schrift waren diese Dokumente verfaßt! Ich habe nie saubere Manuskripte gesehen, wie gehauen und gestochen stand alles in blitzblanken, nirgend korrigierten Zeilen, wie er mir dann auch gestand, daß er nie etwas niederschrieb, eher er es im Kopfe nicht völlig druckfertig habe. Hier bestätigte sich wieder einmal glänzend, daß Fleiß die Zwangslage des

Genies ist. Alle seine Pläne, Entwürfe, Fragmente, Skizzen tat er in einen großen, zuschnürbaren grünen Flanellsack, den er hütete wie ein Schatz. Wie manches von ihm im Gespräch geprägte Bonmot flog wie ein Saatkorn in diesen „grünen Sack" zur einstigen Aussaat und Ernte.

Man muß, wie ich, mit Strindberg experimentiert haben, Farben angerichtet, gemalt oder komponiert haben, um zu wissen, welch echte Forscherstrenge sein eigen war. Strindberg hat viel mit meinen Farben, die ich erfunden habe, gemalt. Sein Stil war impressionistisch, er malte gleichsam Gedanken, trug dick auf und bediente sich selten des Pinsels, der breite Auftrag des Spachtels genügte ihm. Ich besitze u.a. ein sehr schönes Seestück von ihm. Über dem Meere verschwimmen Wolken und Wogen, am Strande steht eine geknickte Königskrone, zu ihr führen Fußstapfen dessen, der sie zertreten. Eine eigene Melancholie liegt über dem Ganzen. Namhafte Maler erklärten das Bild für objektiv wertvoll, doppelt natürlich, weil von Strindbergs Hand. – Unvergeßlich ist mir unsere gemeinsame Durcharbeitung von Goethes Farbenlehre. Er fand einen sehr hübschen Einwand gegen Newton: wenn Newton meinte, daß durch das Prisma das weiße Sonnenlicht zerlegt werde in seine farbigen Bestandteile, und daß das bunte Prismaband durch Zusammenlegung wieder Weiß ergebe, so müßten doch im glühenden

Sonnenkörper die Farben nachweisbar sein, die erst das Helle des Sonnelichtes ergäben. Dafür fehle der grundlegende Beweis. Ferner mache Newton einen falschen Schluß. Wenn er sage: Die wiedervereinten Farben geben wieder Weiß und das Prisma zeige die ursprüngliche farbige Zusammensetzung des Lichtes, so sei das ebenso, als wenn jemand sage, der Wogenschaum, durch Brandung entstanden, gebe, gesammelt, wieder Wasser, folglich sei Schaum gleich Wasser. Das sei aber falsch: Schaum sei Wasser plus verschluckter Luft, und gesammelter Schaum gebe Wasser und Luft. So erfahre auch das Licht bei seiner Anbrandung im Glase etwas Newton Entgangenes, wodurch es uns farbig erschiene. Farben seien Licht plus etwas Unbekanntem. Goethe habe recht, dieses Unbekannte seien die sich deckenden Sonnebildchen, Farben seien gedämpfte Schatten, Schatten auf dem Wege zum Licht oder getrübter Helle. Erst heute können wir übersehen, wie recht Strindberg mit diesem Einwand hatte, seit wir wissen, daß der Sonderfall des Prismas auch ultraviolette und ultrarote Strahlen, Wärme- und elektrische Strahlungen zerstreut und durcheinandermengt, so daß also aus der verschobenen Richtung dieser drei Wellenarten der physiologische Eindruck der Farbe im menschlichen Auge gegeben ist. Es erleidet das einheitliche Licht im Prisma in der Tat etwas Neues, gleichsam eine Durchpeitschung mit Wärme- und elektrischem

Dunst, und die neue Linsensammlung der Farben gibt wieder die ursprüngliche Harmonie aller drei Lichtquellen, die wir „weiß" nennen. Das ist allerdings meine in „Es läuten die Glocken" (Concordia, Berlin) versuchte Verteidigung Goethes, aber ich bin durch Strindberg doch erst darauf gekommen, dieses X, was das Licht im Prisma erleidet, zu suchen. Mit wahrem Feuereifer las Strindberg hier in Berlin mit mir Goethes Farbenlehre, und er geriet in förmliche Ekstasen, wenn er einen Goethe die heftigsten Sottisen gegen Newton schleudern hörte, die je in einer Streitsschrift gewagt wurden. Wie keiner verstand er Goethes Schmerz, sich da verkannt zu sehen, wo er seiner Meinung nach der Natur am tiefsten ins Auge geschaut hatte, und es erfreute ihn ungemein, als ich ihm mitteilte, daß Helmholtz in den achthundert Experimenten Goethes auch nicht einen Fehler habe nachweisen können.

Strindbergs Frauenerlebnis

Es würde zu weit führen, wollte ich meine Erlebnisse und Gespräche mit Strindberg, so wie sie sich bei unseren Experimenten frei ergaben, auch nur andeuten; aber ich weiß mich alles dessen noch sehr gut zu erinnern. Hingegeben in Liebe und Bewunderung zu einem Menschen höherer Art werden wir wieder so eindrucksfähig wie in der Kinderzeit, aus der wir auch die deutlichsten und tiefsten Erinnerungen in das Alter hinüberretten. Ich höre noch deutlich Strindbergs Freudenruf, als ich ihm für seine botanischen Schnitte ein selbstgefundenes Mittel zur Durchsichtigmachung pflanzlicher und tierischer Gewebe zeigte: ihre totale Durchzuckerung, Einbettung in aufhellende Sirupe. Hier zeigt er mir unter dem Mikroskope an sehr schönen Präparaten, wie er sich eine Muskelerregungswelle durch die Zellstäbchen der Pflanzen fortgeleitet dächte. Es fiel ganz klar der Ausdruck: „Elektrische Molekularerzitterung des Protoplasmas", auf die er auch das Zugreifen der Krallen aller fleischfressenden Pflanzen bezog. Erst in unsern Tagen ist tatsächlich diese Strindbergsche Vermutung bestätigt worden, die Pflanze hat zwar keine eigenen Nerven, wie Strindberg wollte, sondern ihr Zelleib ist selbst eine Art nervöse Leitungsmasse. Aber wer weiß, vielleicht bekommen wir doch noch einmal die von Strindberg sorgfältigst gezeichneten Ganglienzellen der Pflanze zu Gesichte! Wer dies bezweifelt, lese einmal in dem herrlichen Werke F.

Reinkes, Grundzüge der allgemeinen Anatomie, S. 54-55, nach, und er wird 1901 das bestätigt finden, was Strindberg schon zehn Jahre vorher verkündete und laut verfocht. Der berühmte Botaniker Lindequist hat mir damals oft bekräftigt, wie hoch er Strindbergs Intuitionen schätze. Als ich ihm einst meine Theorie von der Entstehung des Krebses durch pathologische Zeugung, durch einen anarchischen Inzest verschwisterter Zellen mit dem Versuch der Bildung eines fragmentarischen Embryos, ausführlich durch mikroskopische Bilder belegte, da sagte er: „Aber dann sind wir selbst ja Produkte einer Infektion. Dann ist ja Zeugung eine Ansteckung und ein Inbrandsetzen des Muttereis." Ich führe das nur an als ein Beispiel seiner schnellen und tiefen Denkkonsequenz, die gleich bis aufs Äußerste ging.

Ich denke, diese Andeutungen werden genügen, um zu zeigen, daß Strindberg kein spielerischer Dilettant war, sondern daß er überall Kenntnisse und Übersichten genug hatte, um selbst sogenannte Meister und Spezialisten ihres Faches nicht nur zu verblüffen, sondern zu lebhaften Untersuchungen anzuregen. Wenn Strindberg ein Dilettant war, dann war es auch Goethe. Beide gab aber diese ungeheure Übersicht über die allerentlegensten Gebiete solche tief bebende Resonanz ihres Stiles. Sie wurzelten beide tief in der wohlgegründeten Erde und hatten eine Scheu vor dem Abstrakten, „Nichts als Gedachten". Daher ist in beider Kunst und Dichtung auch nicht die Spur von Lehrhaftigkeit zu spüren, wozu sie leicht ihr großes Wissen hätte verleiten können. Schiller hat viel mehr Philosophie und Psychiatrie, Dinge, die er wissenschaftlich gut beherrschte, dem Strom seiner Phantasie beigemengt, als seinen Stoffen zuträglich war, und Ibsen gar gab seinen Gestalten ein abstraktes, gespensterhaftes Nebelgewand des zerebralen Gedankens mit leichter Neigung zur Detektivromantik; Goethe und Strindberg hörten in allen Höhen und Tiefen, überall Ideen der Natur suchend, das Echo zahlloser Erlebnisse bei allen poetischen Gestaltungen miterklingen. Das gibt ihren Werken den Zauber der Wirklichkeit, Echtheit und die Sonnenklarheit des stets neu erwachenden Tags. Die jungen Dichter könnten aus dem Studium Strindbergscher naturwissenschaftlicher Bände viel Methodisches lernen, vor allem, daß eben der eigentliche Boden, aus dem Antäus der Phantasie immer wieder Kraft und Nahrung zieht, eine möglichst tiefe Einsicht in das Naturgeschehen ist, und daß das Maß von Menschengröße durch Maß unseres Naturgefühls bestimmt wird. „Man soll viel wissen, ehe man dichtet, aber wenn man dichtet, soll man so tun, als habe man alles vergessen. Beileibe nicht gelehrt scheinen. Es klingt schon alles von selbst mit." Das war eine goldene Regel Strindbergs, der noch hinzufügte: An dem Schluß von jedem Absatz, jedem Kapitel, jedem Band und jedem Akt muß ein heimliches Versprechen stehen!"

Strindbergs gleichmäßiger Hang zum Musischen und zum Mechanisch-Analytischen würde noch nicht genügen, um sein Wesen völlig zu umschreiben, sofern wir dem Grundproblem seines Lebens, seiner Stellung zur Frau psychologisch nahetreten wollen, deren dämonischen Trieben er einen so breiten Raum seiner Produktion gewidmet hat, wenngleich es ganz verkehrt ist, Strindberg etwa mit der oberflächlichen Formel eines Frauenhassers abzutun. Er war denn doch noch viel mehr, sowohl als Dichter, wie als Forscher. Die dritte Komponente seines Wesens war ein tiefes, eingewurzeltes Mißtrauen gegen beinahe alles und jeden, daß wie ein Paracelsischer „Archäus" von Natur und Jugend an in ihm am Werke war und das wohl nicht anders erklärt werden kann als durch die Tragödie einer Jugend, die ob eingebildet oder wirklich, die tiefsten Schatten auf das Gemüt eines gewiß genialen Kindes geworfen hat. Es kann niemand so leiden, ein so herzzerreißendes, steinerbarmendes Weh durchmachen wie ein Kind, das sich grausam und zurückgesetzt fühlt, was mit Strindberg der Fall war. Hier entwickelt sich jener protestierende tiefe Groll und das Mißtrauen gegen die sogenannten Wohltaten auch der Nächstangehörigen, die geradezu brennende Leidenschaft der Verfolgung des Unrechtes, die zum flammenden Protestantismus führt, wie das Strindberg in seinem Lutherdrama (Vorspiel) so packend geschildert und damit tiefe Einblicke in seine eigene Entwicklung eröffnet hat. „Der Sohn einer Magd" und „Beichte eines Toren" sagten eben alles und das Bitterste, Anklagen, die gar nicht für die Öffentlichkeit bestimmt waren. Nach Strindbergs eigener Darstellung waren diese Manuskripte nur für seine engste Familie nach seinem Tode bestimmt. Ein Gläubiger aber benutzte Strindbergs Abwesenheit aus Schweden und suchte sich mit der Herausgabe des Manuskriptes schadlos zu halten. Keine Frage, daß gerade diese extremsten Bekenntnisse Strindbergs Einzug in Deutschland stark gehemmt haben. Nirgendwo bewahrheitet sich das Wort, daß der Mann das Weib im Spiegel seiner Mutter abzutaxieren pflegt, wie an Strindberg. Der Mann sieht eine Frau so an und traut ihr das zu, was er seiner Mutter zutraut. Natürlich nicht persönlich, sondern generell. Ja, Strindberg selbst hat mir einmal gesagt: „Zwei Drittel unserer Frau ist unsere Mutter!" Auch ist unstreitig die Sohnesliebe zur Mutter meist stärker als zum Vater, mit dem es ja beinahe physiologisch zu starken Konflikten kommt. Glücklich veranlagt, scheint es, kann nur ein Mann sein, der einmal jener Innigkeit des Mutterglückes teilhaftig geworden ist, die wie ein heiliges Heimweh bleibt. Hier liegt der Schlüssel zu Strindbergs wildzerfetzter Gemütslage. Sein Hang zur Mystik ließ ihn der Frau die Personifikation der dämonischen, erdgeruchbehafteten, unheimlich lockenden Erdentochter sehen, die mit Buhlen und Kosen ganz andere, den Mann vernichtende, hinterhältige Pläne hat. „Um so schlimmer für uns, wenn sie es selbst nicht ahnt, sondern sich als Lockpfeife der Natur gebrauchen läßt!" „Die Liebe ist eben die Maskerade eines Urhasses, einer gegenseitigen Vernichtung." „Es ist ein Kampf auf Leben und Tod. Die Natur benutzt uns beide zu ihren unbekannten Zwecken, und wir laufen ihr immer aufs neue ins Garn!" Das waren Lieblingsthesen von ihm. Er war aber ein Ritter Oluf, der wußte, was ihm droht, und doch den dämonischen Reigen bis zum Kehraus mitmachen wollte. Als mechanischer Seelenanatom bezog er alles auf die Erotik der Frau. „Ihre Phantasie ist ganz anders gerichtet, als die des nach Staat, Kunst und Ethik ringenden Mannes, sie ist eine einzige Variation oder Arabeske um ihre Begehrbarkeit!" Er erblickte in dem Getriebe des Frauenorganismus nur den einen Motor: das Geschlecht. „Aber", wagte ich einmal einzuwenden, „doch die Mutterliebe mit eingeschlossen!" „Aber", fuhr er heftig auf, „der Kindesmord ist ja der häufigste aller Morde!" „Doch nur wegen Not und Schande!" „So ist Not und Schande ein stärkeres Motiv, als der berühmte Mutterinstinkt der doch wohl zunächst auf Erhaltung abzielen müßte!" So von Mystik und krassem Sexualmechanismus gepeitscht, was das tiefe Mißtrauen gegen das Weib und seine Kunst nur eine Folge, und das ungeheure Ethos, das in Strindberg steckte, seine Wut, alles was ihm unrecht, schlecht, gemein, niedrig erschien, mit triefender Geißel zu verfolgen und mit dem Schwerte seines Zorns zu strafen, trieb ihn und zeigte ihm den Weg, ein Reformator des Weibes zu werden. Und so sollte er betrachtet, so auch von den bei seinen Hieben empört auffahrenden Frauen gesehen und gelesen werden. Strindberg ist der flammende Mannheitsprotest gegen die drohende Entartung des Männlichen durch falsche Evolutionsgelüste der Frau. Er wollte die Frau rein haben von ihrer vielleicht durch die Sexuallüge des Mannes gezüchteten Eitelkeit, wie er mir oft bekannte, er glaubte an ihre natürliche Keuschheit und Würde und glaubte an eine Einsicht der Frau und ihre demütige Unterordnung unter anerkannte höhere männliche Prinzipien. Seine Frauenbeispiele auf der Bühne müssen als ernsteste Warnungen, Menetekel über Menetekel, betrachtet werden, und darum war eben in seinem Weiberhaß etwas von dem Zorn eines Gottes über eine verlorene, aber geliebte Seele. So ist es, er verachtete die Frau nicht, er grollte ihr auf das tiefste, weil er die Möglichkeit einer Reformation weiblichen Innenlebens klar vor sich sah. Gäbe ein Gott uns einen Frauengenius, der mit gleicher Kraft uns Männern unseren

Dünkel zerfleischen und vor Augen halten könnte!

Daß trotz alledem Strindberg dreimal geheiratet hat und dreimal kreuzunglücklich wurde, erklärt sich nunmehr psychologisch leicht. Ich will ihn gewiß nicht frei von vitalster Sinnlichkeit sprechen, aber im wesentlichen gebrauchte er die Frau um der Sensationen willen, die er nur aus intimsten Beobachtungen gewinnen konnte, etwa wie ein fanatischer Protestant jesuitische Schriften um sich haben muß. Er lebte nicht mit ihnen, er beobachtete sie ständig, sie lagen nicht unter seinen Liebkosungen, sondern unter seinem Seziermesser. Welche Frau hätte unter solcher Tortur glücklich werden oder Glück spenden können? Er brachte damit alle drei zur Raserei, und es sind niemals Kostbarkeiten, die man aus solchem Schiffbruch und Bankrott der Ehe retten kann. Denn auch die Atmosphäre des Genies kann keine Frau in solcher Ehe vor dem Ersticken retten.

Strindberg, der Freund

Das Jahr mit Strindberg war für mich und gewiß für viele, die ihm hier in Berlin nahestanden, das gedanklich ertragreichste meines Lebens. Wenn wir auch in vielen Dingen nicht einer Meinung waren, so bekam doch alles Wissenswerte für mich, den zehn Jahre Jüngeren, durch ihn eine besondere und an Originalität nicht wieder angetroffene Beleuchtung. Dabei war Strindberg eigentlich nicht sprühend geistreich, sondern schlicht, aber tief. Er hatte etwas von einem Schmied, jedes Argument dröhnte von Kraft. Er ziselierte nicht seine Gedanken, sondern er hämmerte sie. Dem erstmaligen Genießer Strindbergscher Dialoge geht diese beinahe trockene Schwere langsam ein. Er duckt sich wie ein Tiger vorm Ansprung seiner Probleme. Es sind in seinen Sachen keine schön geschliffenen Zitate. Es geht alles wie eine Wolke langsam, sicher, aber über einen beispiellosen weiten Horizont. So war er auch im Gespräch. Man fühlte, daß er nur andeutete, kurze Einblicke gab in das schwere Brodeln unaussprechlicher, vulkanischer Verschiebungen. Man hatte oft das Gefühl, daß er inmitten anregender Gespräche eigentlich allein war. Sein Hang zur Einsamkeit war groß, und so floh er denn auch einmal ganz aus Berlin nach Friedrichshagen zu Laura Marholm, der mutvollen Bekennerin zu ihm und seiner Frauenkritik, die ihn auf das mütterlichste und herzlichste beherbergte. Bald aber auch war hier in ihres Gatten Ola Hansons Hause ein großer Kreis um ihn: Wille, Halbe, Harts, Bölsche und viele andere waren ihm vertraut. Dann kam die Zeit einer neuen Liebe und dritten Verlobung. Strindberg wurde für kurze Zeit auch im Äußern geradezu lyrisch. Diese Metamorphose hatte etwas Drolliges. Eine Strindberg in Weiß mit Strohhut und zierlichem Spazierstöckchen, eine Blume im Knopfloch, uns Unter den Linden entgegentänzeln zu sehen, war überwältigend. Aber wie mißtrauisch war er auch jetzt in der Ekstase einer tiefen Neigung! Lange Zeit hindurch diese Unsicherheit, ob er sich binden solle oder nicht. Die mir zugemutete Rolle einer Schicksalsentscheidung, um die mich beide Parteien vertrauensvoll angingen, lehnte ich ab, habe aber der Braut auf eine direkte Frage, ob sie mit Strindberg glücklich werden würde, doch gesagt: „Wenn Sie Ihr Glück auch unter seinen Fußsohlen finden können, so heiraten Sie ihn." Trotz dieser gewiß deutlichen Warnung ist sie seine Frau geworden, mit dem zu erwartenden Ausgang einer endlosen Qual beiderseits.

Dann ging Strindberg nach Paris und kam nach etwa zwei Jahren über Wien nach Berlin zurück. Ich allein habe ihn empfangen dürfen und geleitete ihn in ein bescheidenes Hotel am Stettiner Bahnhof. Nicht ohne Rührung denke ich an das kahle Zimmerchen, an das ärmliche Gepäck, dem der grüne Sack nicht fehlte: er hat Kostbarkeiten umschlossen, die erst der Tod aufleuchten lassen sollte. Strindberg sprach verzückt von Paris, wo alles so frei und individuell sei, wo ihn die Wissenschaftler ohne jedes Vorurteil empfangen hätten und er in Chemie ungeheure Fortschritte gemacht habe. Er machte auch Bekenntnisse über seinen „Inferno", worin sich viel Absinth mischte, dessen Genuß ihn zeitweise arg heruntergebracht habe. Er steckte voller Pläne und Entwürfe und zeigt stolz auf den stark angeschwollenen „grünen Sack". Schon am nächsten Tage reiste er nach Stockholm. Erst neun Jahre später habe ich ihn wieder gesehen. Inzwischen sandte er mir durch seinen Übersetzer Emil Schering jeden seiner neu erschienenen Bände. Ich kann bezeugen, daß er Schering, der eine ganze Lebensarbeit seiner Wegbahnung gewidmet hat, sowohl als Übersetzer wie als Mensch überaus hoch schätzte und daß es ganz gewiß nicht im Geiste Strindbergs ist, daß seine Erben diesem um Strindberg so hochverdienten Mann einen Prozeß aufgehängt haben, ihm, der doch das meiste getan hat, um Strindbergs Nachlaß zu einem königlichen Wertobjekt zu gestalten. Strindberg selbst hat stets sein Heil von Deutschland erhofft und sah sehr wohl die unermüdliche Liebe dieses seines deutschen Interpreten. Ich war in Kopenhagen, als ich – wie gesagt, neun Jahre nach der letzten Begegnung mit Strindberg – plötzlich beschloß, ihn in Stockholm unangemeldet aufzusuchen. Ich fuhr auf gut Glück zu ihm, stieg die bergige Straße und die noch bergigeren vier Treppen zu ihm empor und klingelte. Ich hörte seinen schweren Schritt im Flur, die tiefliegende Briefkastenklappe wurde gehoben, ich sah seine scharf spähenden Augen, dann tönte ein schnelles und tiefes „Herre Gott! Schleich!", und wir lagen uns in den Armen. Sogleich ging es eine Etage höher in den Turm, der allen Stockholmern als Strindbergs hohe Warte bekannt ist. Wir traten in ein sehr reinliches, eichenholzbeschlagenes Zimmer, in dem Strindberg arbeitete. Kalt und leer sah es hier aus, wie die persönliche Wohnung der Einsamkeit. Ein riesengroßer Eichenschrank an der Wand. Er trat hinzu und öffnete die beiden Türen. „Was ist das? – – – Ja, ja, der grüne Sack!" Unzählige Fächer waren mit unzähligen, peinlich sauberen Manuskripten, wie ein von Frauenhand gehegter Wäschespind, gefüllt. „Nicht wahr?" – er ist gut gewachsen, unser grüner Sack!" Dann ging es hinunter in seine Wohnräume. Ein altes Mütterchen führte ihm die Wirtschaft. Sie rüstete uns für den Abend ein endloses, schwedisches Souper. Als sie einen neuen Gang (zehn waren es mindestens) holte, flüsterte Strindberg: „Sag' ihr ein paar freundliche Anerkennungen, sie freut es!" Ich tat es nach Gebühr, und sie gab dafür Strindberg die Hand, um zu bekunden, daß sie das gern für ihren gütigen Herrn täte. Was haben wir an diesem Abend alles miteinander besprochen! Strindberg las mir seine damals noch nicht erschienen „Kammerspiele in Callots Manier" vor und bat mich, Max Reinhardt doch inständigst zu ersuchen, sie im Deutschen Theater zu bringen. Reinhardt selbst hat Strindberg ein Jahr später dieserhalb aufgesucht. Strindberg hat ihn aber nicht empfangen. Er empfing niemand, wie er mir sagte, er mochte sich eigentlich vor niemand sehen lassen! Er hat es sogar abgelehnt gelegentlich eines großen Arbeiterumzuges im zu Ehren, trotz dreimaligen Erscheinens einer Deputation, sich auf dem Balkon zu zeigen. Er suchte und fand eben

> ... die Krone der Einsamkeit,
> In deren Dornen zwei Sterne wohnen:
> Hochmut und Bescheidenheit!

In diesen Tagen war er aber doch wie aufgerüttelt. Zum großen Erstaunen seiner wenigen Vertrauten ging er mit mir sogar durch Stockholms Straßen und zeigte mir die Stätten seiner einstigen Wirksamkeit. Es war erstaunlich, wie allseitig Strindberg gekannt und ehrerbietigst mit tiefem Gruß fast von allen, die ihm begegneten, respektiert wurde. Wie ein Bürgerkönig ging er daher. Die Leute traten mehrfach vom Trottoir, blieben Hut ziehend und sich verbeugend stehen, und viele flüsterten sich hinter ihm zu: „Das ist Strindberg!" Selbst auf mich fiel ein bißchen Glanz. Drei große Zeitungen ließen mich interviewen, und die Artikel erschienen unter der Marke: „Ein deutscher Gelehrter – ein intimer Freund unseres Dichters Strindberg." Anfangs aber weigerte er sich heftig, mit mir zur Erwiderung seiner Gastlichkeit ins Grand Hotel zu kommen. „Ich mag es dir nicht sagen, warum ich nicht kommen will. Es ist wie ein Verhängnis!" Schließlich kam er doch eines Abends. Als ich ihn an einen reservierten Tisch führte, sagte er: „Siehst du! Es ist der Tisch, an dem ich mit meiner Frau zum letzten Male gesessen habe. Ich wußte, daß du ihn wählen mußtest. Darum habe ich mich gesträubt!" Das war echt strindbergisch. Sein Mystizismus war in voller Blüte. Strindberg war tief christlich-religiös geworden. „Es ist mir ergangen wie einem Seefahrer, der ausfuhr geistig Neuland zu entdecken, und jedesmal, wenn ich glaubte, ein unbekanntes Eiland zu finden, war's bei nahem Zusehen unsere alte Bibel und das Testament! Über die alten Weisheiten gibt es nichts!" Ganz ähnlich so habe ich es später einmal bei dem Engländer Chesterdon (Orthodoxie) gelesen. „Wird je ein Dichter ein Drama wie die sieben Worte des Erlösers finden? Niemals!" „Wer kann das letzte schöner sagen als die Evangelien?" Er glaubte fest an die Unsterblichkeit und an eine höhere Entwicklung des Ichs nach dem Tode durch das Leben.

Durch einen glücklichen Zufall konnte ich Strindberg in diesen Tagen einen großen Dienst erweisen. Strindberg hatte mir gerade von seiner augenblicklich wieder einmal drückenden pekuniären Bedrängnis geklagt, als ein junger deutscher Bankbeamter, den ich vor Jahren operiert hatte, mich mitten in Stockholm begrüßte. Seiner Dankbarkeit gewiß, fragte ich ihn, ob und unter welchen Bedingungen es möglich sei, Strindberg von seiner Bank ein Darlehen zu verschaffen. „Wir brauchen zwei Unterschriften. Wenn Sie die eine geben, ich leiste die andere!"

Die Sache nahm kaum eine halbe Stunde in Anspruch. Vier Wochen nach meiner Rückkehr erhielt ich von der Bank die Mitteilung, daß Strindberg die erhebliche Summe beglichen habe. Auch dies erschien Strindberg wie eine Fügung. Er ging so weit, mir zu erzählen, er habe durch heiße nächtliche Gebete vor dem Kruzifix einen schlechten Menschen zu Tode gebetet. Man glaube darum gar nicht, daß Strindberg jemals geistesgestört gewesen ist. Es war stets klar, logisch, denksicher und respektierte alle Einwände mit größter Seelenruhe. Vielleicht neigte er etwas zu Verfolgungsideen, aber diese hatten nie etwas Zwanghaftes, sondern waren stets der Ausfluß eines, wo ich ihn kontrollieren konnte, nur allzu berechtigten Mißtrauens. Man denke sich in das Bewußtsein solch eines allumfassenden Geistes hinein und frage sich, was er leiden mußte durch eine fast allseitig geschlossene Ablehnung, deren Widerstände und

Hemmungen sich in einer Legion von Nadelstichen verwirklichten. Es gehört schon ein handfester Ganglienapparat dazu, um all diese Rückstöße ohne Kurzschlüsse ertragen zu können! Was könnte ich noch alles erzählen von diesen acht schönen Tagen des Wiedersehens mit Strindberg. Von seinem Briefwechsel mit Maupassant, mit Nietzsche, die ich zum großen Teil einsehen durfte und die ja wohl bald der Welt dargeboten werden. Was von seinen Briefen an Weininger, an den er nach der Lektüre von „Geschlecht und Charakter" geschrieben hat: „Ich habe das Alphabet gestammelt, Du aber hast das Lied gesungen!" Was alles von unseren Gesprächen, Reminiszenzen und Plänen, aus denen letzteren den vielgeprüften Mann der Tod an einem Magenkrebs zwei Jahre später herausriß. Noch acht Tage vor seinem Tode erhielt ich eine Depesche:

„Ist Wassermanns Mittel gegen den Krebs für mich anwendbar? August Strindberg."

Das natürlich wie eine Hoffnung empfohlene Mittel hat ihn wohl nicht mehr lebend erreicht. Er ist gestorben mit dem neuen Testament zwischen den gefalteten Händen.

> Aus Märchenwiesen trug dein Fuß
> Kühn bis zum heiligen Portikus
> Dich, den Gewaltigen, Prometheus-Christ,
> Hinauf, wo Weisheit voll Mysterium ist!"

Ja! Deine Worte waren Geißelhiebe,
doch troff von deinem Schwert die Liebe,
Dein Haß war Mahnung –
Dein Beweis ist Ahnung.

Paul Ehrlich

Die Armee derer, die sich zum Kampfe gegen die Krankheiten innerhalb staatlicher Gemeinschaften ständig mobil erhält, hat sich von jeher in zwei große Organisationen geschieden: in eine Genietruppe solcher, welche die theoretischen Bedingungen eines wirksamen Eingreifens gewissermaßen im Generalstabe der Wissenschaften festzulegen suchen, und solche, die Taktik und Praxis der Verfahren anzuwenden haben beim eigentlichen Schlagen der gespenstischen Schlachten, deren winziges und doch von Sorge und Schmerz schwer belastetes Feld zuletzt immer eine Menschenwiege, ein Bett, ein ärmliches Lager bildet. Jene, die Theoretiker der Medizin, müssen naturgemäß in den Bereich ihres Wissens fast die ganze Biologie, den weiten Umkreis aller Lebenserscheinungen einbeziehen, da jeden Augenblick ein neu vom Spinnrad des Lebens abgerollter Faden hinüber leitbar sein kann in die verborgensten Teppiche auch des Menschenleibes. Ihre Forschungsart ist kühler, unpersönlicher, losgelöster von der Resonanz der Klagen und frei von dem Herzerschüttern Tränen. An sie hängt sich nicht ein flehendes Paar von erhobenen Händen mit seinem, den führenden Arzt immer neu erbeben den machenden „Rette, rette!", sondern sie überlassen Enttäuschung und auch den Triumph der Probe aufs Exempel eben den Praktiker, der ja niemals, wie jene, dem unpersönlichen Krankheitsbegriff gegenübersteht, sondern dem handgreiflichen Kranken selbst. Jene gehen begrifflich-experimentell einem Komplex abnormer, biologischer Erscheinungen der Krankheit zu Leibe, diese haben ein leidendes Individuum mit allen Varianten des Themas, an denen die Natur ja so reich ist, zu betrauen. Diese Trennung in zwei Heerlager war nicht immer vorhanden, sie ist herausgewachsen, entwicklungsgeschichtlich und rein historisch, aus einer früheren Verkoppelung von Weissagertum, Zauberei, Religion, Mythos, Priesterschaft usw. mit spezifischem, zunächst wohl gelegentlichen, mechanisch-wundärztlichen Nachbarhilfen und Heilversuchen. Es ist ein wehmütig-trauriges, aber von Offenbarungen intuitiver Hellblicke nicht ganz armes Unterfangen, den Spuren nachzugehen, auf welchen aus Tiervorstufen, Volksmedizin, Zauberei und einem ganzen Wust entsetzlicher Irrtümer sich das herauskristallisiert hat, was wir heute wissenschaftliche, das heißt auf Erkenntnissen oder Vorstellungen von Ursache und Wirkung gegründete Medizin nennen. Jede Zeit glaubt sich auf der Höhe menschlicher Leistungsfähigkeit, und niemals war auch die Medizin und ihre Vertretung frei von jenem gefährlichen Doppelgänger des Wissens, dem Dogma. Es gehört eine fast übermenschliche Strenge der Kritik gegen jeden Wunsch und jede Hoffnung eine Wahrheitsliebe über jeden Gefühlsaffekt hinaus dazu, ein echter medizinischer Forscher zu sein.

Gleich weit entfernt von Erfolgsjagd wie von lähmendem Skeptizismus hat er eigentlich nur einen einzeigen Maßstab: die Praxis mit all ihren vieldeutigen und labyrinthischen Menschlichkeiten. So hat es sich denn nach vollzogener Trennung der wissenschaftlichen und ausübenden Heilkunde fast von selbst gemacht, daß das Institut der praktischen Ärzte eigentlich die letzte Instanz, den höchsten Richterstuhl über das Tun und Treiben ihrer gelehrten Generalstäbler bildet. Denn sie sind die im Lande rings schaltenden Wechsler, welche die Goldbarren der Wissenschaft in gangbare Münze umzusetzen haben.

Das Wirken des Mannes, dessen Tod am 20. August 1915 für die meisten so überraschend erfolgte und wohl, wäre die Erde nicht im Zeichen eines gigantischen Völkervernichtungskampfes, in allen belebten Zonen einen noch viel tiefern und einmütigeren Wehruf unersetzlichen Menschlichkeitsverlustes entfesselt hätte, - dieses Mannes, Exzellenz Paul Ehrlichs Arbeit gehörte ganz der stillen Werkstatt der vorbreitenden Gedanken und Vorversuche an. Es war eine kleine Schmiede von Diamanten des Wissens, die ihm in Frankfurt am Main der Staat, vertreten durch den genialen Organisator moderner medizinischer Kultur, F. Althoff, unterstützt durch munizipale und mäzenatische Beihilfe, in ein paar stillen Häuschen errichtet hatte. Es ist merkwürdig: die Bedeutung medizinischer Entdeckungen steht beinahe im umgekehrten Verhältnis zu der Pracht der räume, in welchen sie gemacht werden. Ehrlichs Raum war für den Besucher erschütternd schlicht und einfach. Eine Eremitenhöhle der Wissenschaft, von deren Wänden die Stalaktiten hochgestapelter Zeitschriften, loser Blätter, Tabellen und statistischer Tafeln den Dunst der Wissenschaft nur so herabträufelten, und mitten durch diese Grotte von papiernen Gedankenkristallen, in einem schmalen Gäßchen durch den Wust von Protokollen gelangte man zu dem Hans-Sachsen-Sessel dieser kleinen Majestät der Wissenschaft. Hier saß und empfing er, immer rauchend und sofort Importe anbietend, die Gesandten aus allen reichen, Domänen, Statthalterschaften und auch wohl exotischen und antarktischen Provinzen der Medizin.

Er war immer ganz er selbst, ein Original vom Kopf bis zur Zeh, ein Mensch, der den vollen Mut zu seiner beinahe drolligen Persönlichkeit hatte. Ein Mann, der jedem, der Luft hatte zu Charakterstudien sofort den Beweis vor Augen führte, daß wahre Größe keinerlei Pose, keiner Kulisse, keinerlei Aufmachung bedarf. Sein Kopf war, allzufrüh greisenhaft, bedeutend, klug, wenn auch ohne gleich offenbare Geniemaske, nur der Blick der scharfen Augen konnte sofort blitzen, durchbohren, sondieren, umlauern. Ein Schalk trieb drin sein Spiel. Sein herziges Lachen, spöttisch-gutmütig, ein wenig neckend und gleich in eine drollige Bedenklichkeit abbiegend, muß jedem unvergeßlich sein. Seine Sprechweise schnell, springend, kostbare Perlen der Erkenntnis wie im Spiel hinwerfend. Die ganze kleine Gestalt vor Beweglichkeit vibrierend, die feinen Meisterhände immer in Aktion, zeichnend, die Luft nicht weniger als die Wände mit Figuren, Formeln, Ideen bevölkernd. Ein rückhaltloser Verschwender seiner gewiß oft mühsam aufgespeicherten Resultate. Dabei mit einer staunenswerten Beherrschung des Wissens seiner Zeit, daß er in jedem Augenblick wie auf dem Präsentierteller auszubreiten vermochte; dazu eine eminente Fähigkeit, das Wesen der unzähligen Naturen, die mit ihm in Berührung gekommen waren, blitzartig mit ein paar Begriffen zu erhellen, ihre kleinen Schwächen und ihr manchmal großes Bedeuten spielend, wie selbstverständlich, mit wenigen Strichen zu zeichnen. Jede Persönlichkeit, jede sachliche Angelegenheit färbte sich im Mondhofe seiner eigenen geistigen Strahlung. Er sah alles Ehrlichsch. Alles war an ihm und um ihn einfach, und man fühlte, daß er wie jeder Große. Begriffen hatte, daß an sich und seinem Wesen nichts hinzusetzen kann, daß reine Menschlichkeit genügen muß zum allergrößten Auftrag. Nichts unterschied seine bescheidene Werkstatt von dem Gläserwirrwarr und den Phalanxreihen der Apothekergefäße anderer Laboratorien. Das Reagenzglas war sein Horoskop. Bakterienkulturen, die Injektionsspritze, die unzähligen Kaninchen- und Meerschweinchenkäfige sein ganzes Arsenal. Dabei war er ein Protokollant erster Klasse, der stets die Fäden einer unendlichen Zahl gleichzeitiger Fragestellungen in fester Hand hielt. Ich habe außer Rudolf Virchow niemand gesehen, der so wie er in dem Chaos seiner angeschnittenen Fragen Bescheid wußte. Die historisch berühmt gewordene Zahl 606 erhellt mit einem Schlage die ungeheure Kettenreihe von Versuchen, die Ehrlich anstellte, um einem Problem zu Leibe zu gehen.

Man stelle sich 606 Vorversuche vor bis zum letzten entscheidenden Ergebnisse und übertrage diese Zahl einmal auf das Gesamtgebiet Ehrlichscher Studien und man wird eine Vorstellung erhalten von der schwindelerregenden Übersicht, welche dieser Mann über die vielen Tausend seiner begehrlichen Fragen an die Sphinx der Natur behielt.

Es ist nichts so klein oder nebensächlich in der Welt der Erscheinungen, wie Emerson sagt, daß ihm nicht eines Tages eine Art Prophet erstünde. Kein Vorgang, der nicht zu irgendeiner Zeit ein Auge fände, das ihn sehen und deuten lernte, keine Beziehung der rhythmisch umeinander kreisenden Tänze der Körperlichkeiten, die nicht dem Spürsinn eines „Beauftragten" offenbar würden. Ehrlich war ein Enthüller der Gesetzmäßigkeiten, die zwischen Farbe und Malerei bestehen, und es ist reizvoll zu denken, daß dieser universale Geist gerade in der Goethestadt unendlich viel dazu beigetragen hat, den Roman von Licht und Farben, den jener große Frankfurter schrieb, in wesentlichen Teilen zu vertiefen und auszubauen. Denn Ehrlich war ein Färber und ein Erfüller jenes Goetheschen Wortes, daß aus dem Leiden und Tun der Farben der Menschen letzte Erkenntnisse erwachen würden. Ohne Farbe wäre diese Welt ein Gespensterreich von blendenden Licht und verwirrenden Schatten. Farben sind Orientierungsmittel.

Aber Goethe konnte wohl kaum ahnen, daß sie einst (in Ehrlichs Hand) dazu dienen würden, uns die letzten Geheimnisse des Lebens gerade an den Gespensterschatten mikroskopischer Gebilde, gleichsam an den Zwergenwiegen des Lebens zu enthüllen. Wie in der Geschichte der Wissenschaften oft Gesetzmäßigkeiten zu walten scheinen, die später die Ereignisse wie ineinander eingreifende Zahnräder eines einzigen sinnvollen Mechanismus darstellen lassen, so war die Entdeckung der Anilinfarben, welche mit einem Schlage die Zahl der verfügbaren Gerbungen und Färbungen geradezu vertausendfachte, für Ehrlichs Lieblingsbeschäftigung, die Färbung der Körperelemente, der er schon als Assistent des alten Frerichs leidenschaftlich nachging, geradezu wie die Überlassung und Auslieferung einer Armee von Hilfskräften. Darum waren seine Wohnungen anzusehen wie das bunte Atelier eines Anilinfarbenmalers. Er wurde ein Gerber und Färber, ein Kollege des Griechen Kleon, dessen sprichwörtliche Grobheit wohl auch hier und da einmal bei ihm atavistisch ausbrach. Die Anilinfarbenfabriken, in jener Zeit (um 1885) wie Pilze aus der Erde wachsend, sandten ihm Probe um Probe, und man kann sich denken, wie seine Hände, seine Wäsche, seine Wände, seine Pulte damals unter der Tyrannei dieser alles durchdringenden Farbgeister ausgeschaut haben mögen. Was ihn aber fesselte, war die Spur einer unendlich wichtigen, naturwissenschaftlichen Beziehung von Farbe zum menschlichen und tierischen Gewebe. Nicht nur, daß er viele einzelne große und ganze Disziplinen begründende Entdeckungen in dem Sinne machte, daß er die Affinität, die spezifische Tönung gewisser Gewebe, zum Beispiel der Nerven, der Bakterien, der Körperzellen des Blutes, zu ganz bestimmten Anilinen aufwies. Nicht nur, daß er mit Hilfe der Tingierbarkeit einzelner feinster Details die Formelemente aus ihrem schattenhaften, gelatinösen Nichts, aus dem indifferenten, schillernden Grau unter dem Mikroskop herausholte und demonstrabel machte – eine Reihe von Taten, die zum Beispiel den eben erst dogmatischen Satz Virchows: die Zelle sei eine letzte Lebenseinheit, durch die Aufdeckung der ganz gewaltigen Kompliziertheit einer sogenannten Zellmaschine, die mit seiner Hilfe uns heute schon als ein mikroskopischer Riesenorganismus erscheint, ins Wanken gebracht hat. Nicht nur, daß er unendlich viel dazu beigetragen hat, das Wundernetz der feinsten Nervenseidengespinste durch spezifische Nervenfärbung weit bis zu den Zellen selbst ausmündend erkennen zu lassen, oder, daß er der Begründer der Methoden zur Aufdeckung der Geheimnisse der Blutbildung und Blutmischung im Gesunden und Kranken wurde, – Färbungen, die in ihren Konsequenzen zu den letzten Wundern der Persönlichkeit hinaufreichen und noch heute unübersehbar sind. Ehrlich genügten diese Tatsachen in seinem echt synthetischen Geiste der Intuition noch lange nicht.

Er sah in dieser Beziehung von Farbe und Stoff nicht allein etwas Zuständliches, allein das Auge und de Spürsinn der Formen Befriedigendes, er ahnte darin, sich hoch aufschwingend zu dem geheimen Rhythmus alles Geschehens, die Offenbarung eines weit tiefer dringenden, im Leben allzeit am Werke meisternden, gesetzmäßigen Vorgangs: einen Ablauf, eine lebendige Funktion.

Was heißt das, so mag er gedacht haben, eine besondere Körperzelle oder ein besonderer Teil derselben, zum Beispiel der Nukleinkern, färbt sich gerade mit diesem Stoffe und durchaus nicht mit jedem andern? Das kann doch nur bedeuten, daß die Natur des Färbbaren in besonderer Weise Appetit auf das Färbende hat, daß ersteres das letztere verschluckt, es als sich irgendwie verwandt, korrespondierend, haftbar, ansetzbar erkennt aus der großen Symphonie der Farben, denen es wie in einem Serpentintanz bunter Quellen ausgesetzt ist.

Wenn schon das Tote, Leblose, das aus dem Reigen des organischen Geschehens Herausgerissene diese Zahl aufweist, wie müssen da erst im Strom der Säfte nach zwangartigen Beziehungen Angepaßtheiten und Verwandtschaften wirksam sein. Und hier betritt sein Geisterschritt den Boden, aus dem uns die volle Erkenntnis dieser Geheimnisse erwuchs. Er setzte nämlich im Geiste an die Stelle der Farben, die das Tote umklammern, den damals noch ganz vagen Begriff der Körpergifte, welche vielleicht ganz ähnliche Umarmungen und Umschlingungen der lebendigen Molekeln im Strom der Säfte vollziehen könnten. Diesen Gedankengängen Ehrlichs verdanken wir einen so zwingenden Einblick in die bis dahin schlechthin unvorstellbaren Prozesse des Vergiftungsvorgangs an den Zellen selbst, daß wir heute alle im Banne dieser Ehrlichschen Lehre von den Giften stehen!

Die Bakterien sondern Gifte ab, diese schädigen den Leib – aber die Art und Weise, wie dies geschieht – bei inneren Giften, sogenannten Innensekretionsstörungen, ist es gewiß ebenso – darüber eine geradezu handgreifliche, körperlich vorstellbare, stereochemische Theorie aufgestellt zu haben, die nicht nur alle Symptome der Vergiftung erklärt, sondern auch rechnungsmäßig die einzelnen Giftdosen einzustellen gestattet, das war die erste Großtat Ehrlichs, die seinen Namen über alle Lande trug. Es würde zu weit führen, wollte ich hier dem Leser auch nur ganz kurz die Grundzüge dieser grandiosen Konstruktion des Giftbegriffes vor Augen führen, es mag genügen darauf hinzuweisen, daß genauso wie Farben gewisse Einbohrbarkeiten ins Zellgefüge besitzen, auch die Toxine, die chemisch unendlich, aktiven, fast belebten Produkte der fremden, parasitären oder der zerfallenden eigenen Zellen des Leibes, Haftungsmechanismen besitzen, welche dem Bilde des in ein Schlüsselloch passenden Schlüssels sehr nahe kommen. Aber damit nicht genug, die Theorie Ehrlichs gestattet auch, sich den Vorgang der Befreiung des Leibes von diesen ultramikroskopischen Mosaiksteinchen der Gifte rein körperlich vorzustellen und damit den Begriffen der Heilung und Immunisierung (der natürlichen wie der künstlichen) den ersten haltbaren Boden unter die Füße zu geben. Ein Molekel, das, gleichwie zu Farben, auch zu Giften Artbeziehung hat, trägt nach Ehrlich zu seinem Schutze auch etwas um sich, das er „toxophore" Tentakeln nannte, die ich dem Laien als eine Art giftfangender Fransen, Wimperhärchen mit seinen Ösen und Schlössern schildern möchte, die frei ablösbar sind und gleichsam wie Eiszäpfchen, wie gläserne Splitterchen ins Blut fallen und hier vermöge ihrer Fangbereitschaft für die Haken und Stifte, Mutterschrauben oder Schlößchen der Giftmolekeln diese „verankern" zu einer unschädlichen, ausstoßbaren, schmelzenden Masse von Elementarkörnchen. Das macht die Natur des „Immunen", des Widerstandsfähigen, des durch Bakterien nicht attackierbaren Körpers, daß in ihm naturgegeben viele solche freie, kleine Giftbändiger herumschwimmen, die den Angriff des Toxins durch Giftverankerung aufheben. Das gibt aber auch die Möglichkeit, durch abgeschwächte Dosen verwandter Gifte die Haftstellen der Toxine zu reizen und sie zu veranlassen, einen Überschuß von Giftkranken abstoßen zu lassen, die nun, in vermehrter Weise dem Blute zugeführt, die Immunität gegebenenfalls garantieren oder im Erkrankungsfalle die Heilung vermitteln.

Nun wird mit einem Schlage klar, was der geheime Sinn der Pocken-, Cholera-, Diphterie-, Tetanus-, Typhusimpfung ist, die jetzt im Felde zu so ungeahnten Erfolgen zu führen scheinen, nämlich die künstliche Entwicklung von Immunköpern innerhalb eines der Ansteckungsgefahr ausgesetzten Leibes. Alle diese Methoden, soweit sie nicht von Ehrlich selbst erdacht oder wenigstens streng kontrolliert sind, fußen unbedingt auf dem Gedankengerüst dieser Ehrlichschen Konstruktion, und es ist nicht absehbar, was die Flut der durch ihn und seine Ideen angeregten Experimentalstudien auf diesem Gebiete vom Schlangengift bis zu dem Heere der Sekretionsgifte (Zuckerruhr, Gicht, Steinbildung usw.) noch zeitigen mag. Das erste Mal befreite die Medizin aus dem Banne der allzu tyrannischen Betrachtung des zuständlich Toten und der erstarrten Zellularlehre der revolutionäre Geist eines der größten Denker der Medizin, Ottomar Rosenbach, der dem Virchowschen Koloß die Lanze der funktionellen Diagnostik in den Leib stieß, das heißt das Leben als wirklich lebendig, nicht als einen Zellenstaat in einem gewissen „Zustand" zu denken lehrte, dann kam Behring und machte im Gegensatz zu den Zellmaschinen die alten Säfte (humores) wieder lebendig, und nun krönte Ehrlich das Werk, indem er gleichsam aus der Symphonie des Lebens die kontrapunktischen Gesetzmäßigkeiten und greifbaren Grundharmonien herauskristallisierte. Auch der Laie muß begreifen, was das heißt: die Theorie der lebensbedrohenden Blitze nicht nur zu begründen, sondern auch tausend Wege zu tausend mikroskopischen Blitzableitern zu weisen. Töten doch die rasanten Gifte der zerfetzten Materie (Austern-, Wurst-, Fleischgifte) nicht weniger schlagartig, als die großen, zuckenden Weltallschlangen der Atmosphäre!

Und nun, auf der Höhe seiner Forschung über Giftwirkung der Bakterien, machte Ehrlich einen merkwürdigen Sprung, ein förmliches Salto mortale ins Gebiet des reinen Chemismus. Konnte man seine bisherige Riesenforschung einigermaßen einreihen unter dem Begriff der geplanten Lieferung von Heilstoffen aus dem Betriebe der Zellen selbst heraus, unter dem Suchen nach Methoden zur Bildung von Immunkörpern, so sprang er jetzt mit einem Male zurück zu Heilmitteln aus der Reihe der gleichsam unbelebten Chemie. Denn das Salvarsan ist ein Arsenpräparat und fällt ganz aus dem Rahmen der Bakterienimmunisierung heraus. An die Stelle der Immunisierung tritt plötzlich die alte Sterilisierung durch metallisches Gift.

Das hat allgemein verblüfft, zumal Ehrlich meines Wissens nirgends eine Erklärung zu dieser Fahnenflucht von seinen Forschungsprinzipien gegeben hat. Wie er denn überhaupt eigentlich karg gewesen ist in der eigenen psychologischen Selbstanalyse. Er war wohl von Natur zu bescheiden, um seinen „Ideenperioden" biographisches Gewicht beizulegen. Und doch will ich meinen, kann es nicht schwer fallen, die Pfade aufzuspüren, die ihn zu diesem plötzlichen Versuch, den Bakterien von einer anderen Seite beizukommen, veranlaßt haben mögen. Bei dem allgemeinen Interesse, welches diese Salvarsan-Großtat Ehrlichs in allen Nationen, oft sturmartig, erregt hat, mag es verstattet sein, auf die Frage seiner Heilung der Syphilis etwas näher einzugehen.

Ehrlich wußte und hat es gewiß durch zahlreiche Tierexperimente erhärtet, daß das Arsenik wie das Quecksilber ein Mittel ist, welches die Spirillenerreger dieser Krankheit schwer schädigt. Dabei blieb, wie bei allen Versuchen, den Bakterien im Leibe mit Antisepticis (wie Karbol, Salizyl, Sublimat usw.) beizukommen, das Dilemma bestehen, daß eine wirksame Dosis des Vernichtungsmittels, direkt oder oder indirekt appliziert, die Körperzellen genau so in Gefahr brachte, wie die Bakterien, und daß eine nur tastende Dosis zwar die Gewebe schonte, aber auch den Bakterien keinen Schaden bringen konnte. Diese Zwickmühle, diesen Fehlerquellenzirkel suchte nun Ehrlich zu umgehen durch eine chemische Konstruktion, welche mir geradezu in der Verlängerungslinie seiner ersten und letzten Ideen zu liegen scheint: nämlich ein Arsenikpräparat zu finden, welches zu den Spirellen eine größere Affinität (gleichsam höhere Tingierfähigkeit!) besitzt, als zu den Gewebselementen. Eine Arsenikgabe, welche gleichsam in indifferente Hülsen eingepackt die Zellmaschen durchdringt und nun, während die indifferenten Schlitten, gleichsam die Gleitschienen, verzögert abbröckeln, die volle Dosis allein auf die Spirellen explosionsartig abschießt. Auch hier muß also Ehrlich die molekuläre Struktur dieses Giftmoleküls rein körperlich vorgeschwebt haben, und es muß, gleichviel wie man zum Salvarsan als Alleinbeherrscher der Syphilis steht, rückhaltlos zugegeben werden, daß die Medizin kaum ein Heilmittel kennt, welches so findig bis in die Filigranstruktur der Moleküle durch chemische Komposition herausgetüftelt wurde aus dem Chaos der Möglichkeiten. Ohne die zwingende Vision der Giftkörperlichkeit im Geiste Ehrlichs hätte nicht einmal der Plan zu einem solchen Unterfangen gefaßt werden können, und es spricht denn doch wohl stark für eine relative Realität des von Ehrlich vermuteten Atomismus der Giftindividuen, wenn so erstaunliche Wirkungen mit dem Salvarsan zu erzielen sind, wenn auch die Hoffnung auf die grandiose „Therapia magna sterilisans" arg in die Brüche ging und wenn auch der neue Konkurrent des Quecksilbers sich langsam wieder auf die Beihilfe seines alten Ahnen besinnen muß.

Man mag Ehrlichs therapeutische Erfolge — übrigens unberechtigterweise — so skeptisch denken, wie man will, niemals wird ihm abgestritten werden können, daß er ein Säemann war, der ausging zu säen. Er war ein Ideenschaffer, ein Befruchter, ein Neulandentdecker, wie kaum je ein Mediziner. Es ist ein schweres Problem in der Medizin, das der Lösung harrt. Die Menschheit, überhaupt die belebte Materie, würde nicht lebensfähig sich erhalten haben, wenn sie nicht von Natur den Kampf mit der Außenwelt (einschließlich der Bakterien) von Beginn an zu bestehen im Stande gewesen wäre. Haben Ärzte historisch einen Einfluß auf diesen Aufstieg der Menschheit ausgeübt, oder wäre alles (für den Kollektivbegriff der Menschheit) ebenso gekommen, wenn es nie Ärzte und immer nur Zauberer, Quacksalber und weise Frauen gegeben hätte? Des Arztes Verhältnis zu dem Kranken ist etwas durchaus Persönliches, Individuelles, es ist etwas Seelisches, Gläubiges oder Abergläubisches, was die Leidenden ebenso zum Geheimrat wie zum Schäfer und Kurpfuscher treibt; der Arzt ist das Produkt eines Regenschirmbedürfnisses für die Not, einer Schutzhoffnung des Menschen, er ist eine Sehnsucht, ein seelisches Postulat. Er ist der Detailhändler der wissenschaftlichen Doktrinen, der Reisende für Dogmen und Theorien. Er soll die Weisheit der Entdecker am Generellen in ihrer Anwendbarkeit auf den Einfall übersetzen. Denn der Arzt soll Individualist sein, die Wissenschaft aber generalisiert.

Die ganze Menschheit kämpft aber organisch von selbst, an sich, aus sich, und von Natur gegen ihre Bedrohungen. Sie schafft durch Generationen mit Hekatomben von unerhörten Opfern selbst in sich organische Dämme, ihr Eingestelltsein gegen Schädlichkeiten, ihre eingeborenen Immunitäten.

Das ist ein langer, durch Wüsten von Gräbern führender Weg, und jeder Sterbende ist in diesem Kampfe ein wenig ein Christus, der für seine Brüder stirbt, weil er ein wenig hilft, eine

Schädlichkeit auch durch sein Opfer für seine Nachkommen wett zu machen. Es schreitet ein steter organischer Pilgergang des Opferns voran.

Und nun kommt die Wissenschaft und glaubt diesen Weg durch künstliche Heranzüchtung von Widerstandskräften um Jahrhunderte, Jahrtausende abkürzen zu können.

Das ist das Problem. Kann das gelingen? Kann ärztliche Kunst dem Rade des naturgemäßen, langsamen aber stetigen Ablaufes des Selbstschutzes der Natur in die Speichen greifen, kann man dem Tode ein geistig Schnippchen schlagen, um mit den Waffen eines Ehrlich in der Hand nicht mehr individuell, sondern ganz generell zu heilen, gewissermaßen vom Laboratorium aus mit einer Blutprobe in der Hand, ohne den Patienten je von Angesicht zu Angesicht zu sehen? Vor diesem Problem stehen wir.

Das müssen sich die Ärzte bald einmal völlig klar machen. Der generelle Laboratoriums-Äskulap ist am Werke, den Pilgerarzt, der über Land von Hütte zu Hütte wandert, abzulösen. Die Fabrik rutscht langsam an die Stelle der Apotheke, und die Erkenntnisse eines Ehrlich, eines Wassermann werden vielleicht dazu führen, den ganzen Wust der persönlichen Diagnostik über den Haufen zu werfen. In der Blutprobe allein leuchtet manch diagnostisches Röntgenlicht, fern von Patienten kann Reagenzglas und Mikroskop die Diagnosen stellen, wie einst symbolisch der Schäfer Ast aus dem Haarbüschel.

Mag diese Zeit fern oder nahe sein, die Wissenschaft drängt mit einem Riesenimpuls darauf hin und Ehrlich war ihr Heerführer und ein Wassermann wird ihr großer Feldherr sein. Der Arzt aber, der etwas stutzig werden könnte vor dieser Gespensterperspektive einer unpersönlichen Medizin, hat eins in seiner altbewährten humanen Trösterhand, was ihm nie ein Laboratorium, keine Reaktion und keine Toxintheorie entreißen kann: das ist die Seele seiner Leidenden. Je mehr die Medizin generell und universell werden sollte, desto psychologisch tiefer, desto ethischer, kultivierter, hochgesinnter muß der Arzt werden, desto mehr drängt ihn die im Sturmschritt auf Verallgemeinerung der Heilmethoden, auf Monopole und Spezialitäten vorrennende Wissenschaft in das stille Kämmerlein, wo Beichte, Trost und Mittlerschaft des Seelischen ihre Wohltaten spenden.

Wer Paul Ehrlich einmal, wie der Schreiber dieser Zeilen, am Krankenbette, in den Sälen eines großen Krankenhauses zu beobachten Gelegenheit gehabt hat, der muß bemerkt haben, daß in diesem außerordentlichen Manne dieses Bewußtsein des eben aufgezeigten gewaltigen Problems der Medizin ganz gegenwärtig war. Es war geradezu rührend für mich, zu sehen, wie schmiegsam zärtlich er mit den kleinen Patienten umging, sich über ihr Bettchen beugte, sie streichelte und Scherze machte, und das doch, indem man ihm deutlich anmerkte, wie scheu, wie ungemütlich, wie fernab er sich vorkam in diesen Betrieben, die in seinem Namen ihre Räder spielen ließen.

Oder war es hellseherhaft ihm aufleuchtende, ungeheure Verantwortung, die er kraft seiner Erkenntnis und Empfehlung auf seine Menschenschultern nahm? In diesen Augenblicken dämmernden Kleinmuts erschien mir Ehrlich am größten! Was muß er erst gepeinigt gewesen sein von den schweren Angriffen, die er erfuhr, wie mag er zusammengezuckt sein, wenn man hart und grausam seinem Mittel eine Erblindung, einen plötzlichen Tod in die Schuhe schieben wollte! Die Ereignisse haben ihm diese Last tragen helfen, ja die Schulter gesegnet, die sie auf sich nahm, aber er hat sicher gelitten, wie jeder Große, er hat gewiß die schwerste Buße des Genies getragen, den Zweifel an sich und seinem Werke, der, sollte er auch nur Stunden währen, doch Golgatha bedeutet.

Gäbe doch der Lauf der Dinge, daß diesem gleich gütigen wie großen Menschen der Nachruhm länger währt, als sonst den Geistnaturen der medizinischen Wissenschaft, die weil sie am Schatten des Lebens arbeiten, nie recht der Sonne der Volksgunst sich erfreuen, die sie so reichlich verdienten.

Macte senex!

Ernst von Bergmann

Nun sind die Trauerlieder aufgesungen, die letzten Wortgrüße, die Liebe und Ehrfurcht zollten, verhallt und die Blumenkränze beginnen zu welken, mit denen der letzte Weg eines Mannes von seltener Art, prunkvoll, wie es einem Leben voll von Erfolg und Glanz gebührte, geschmückt worden ist. Ernst von Bergmann, bei dessen Namensklang den Herzen derer, die ihn kannten, ein wärmerer Lichtstrom, als ihn der Alltag kennt, zuzufließen scheint, ein Mann aus dessen Art und Wesen schon bei seinen Lebzeiten etwas Klassisches, Bedeutendes, Unvergeßliches hervorleuchtete, sank in die in die Todesgruft und zugleich, um die Osterzeit, glitt er hinüber in die Ehrenhalle der Unsterblichen. Nun gehörte er nicht mehr der damals gerade tagenden Deutschen Gesellschaft für Chirurgie an, unter uns weilend als ein Führer auf der Kommandobrücke; er trat hinüber in jene erlesene, stumme Gemeinschaft großer Toten, von deren lebendigen Wirken unter den Nachlebenden bald der kalte Griffel der Geschichte zu berichten hat. Freilich: der Schatten, den sein Heimgang über die damaligen Verhandlungen der Deutschen Gesellschaft für Chirurgie warf, wird genug Lichtstrahlen besitzen, um auf neue Bahnen, weite Wege, begehrenswerte Ziele hinzuweisen.

So mochte sein Scheiden und das Tagen der weltberühmten ärztlichen Versammlung ein willkommener Anlaß gewesen sein, auch einmal vor einem größeren Forum das Leben und das Wirken Ernst von Bergmanns zu beleuchten und damit den Pfaden nachzuspüren, welche die deutsche Chirurgie vor ihm, mit ihm und nach seinem Rat gegangen ist.

Ernst von Bergmann entstammte dem russischen, im Kern deutschen Livland, wo er in Riga 1836 als Sohn eines Pfarrers geboren wurde. Er konnte in seiner volltönenden Sprache, die er so meisterhaft beherrschte, niemals den Heimatklang verleugnen; die scharfen, etwas harten, explosiv hervorgestoßenen Konsonanten der Deutschrussen, die den preußischen Dialekt gleichsam zur Übertreibung zu bringen scheinen, waren auch bei ihm voll und unverkennbar ausgeprägt, oft unendlich drastisch zur Geltung kommend, wenn er kurze Aphorismen im Idiom der Heimat prägte. „Wenn einer das Genick brecht, stirbt er.": so schloß er einst sein Gutachten vor Gericht nach der Frage, ob jemand von einem Bruch der Halswirbelsäule mit dem Leben davonkommen könne. Meist freilich war das heimische Idiom bei ihm abgemildert durch eine ungewöhnliche Grazie der Sprechweise. Sein Redeton konnte etwas unendlich Verbindliches, Diplomatisches, Verlockendes erhalten, aber auch ebenso schwerterscharf in die Diskussion hineinschwirren. Ich werde noch mehrfach auf die Macht von Bergmanns eminenter Sprachgewandtheit hinzuweisen haben; hier sollte nur bemerkt werden, daß er mit den

Wurzeln seines Wesens tief in den Heimatboden hinabreichte (wie ja wohl schließlich jeder ganz Große). Wenn schon die Sprache, dieser Verräter und zugleich Hehler innerlichster Vorgänge, den Einfluß des Jugendlandes verriet, so war dieser Einfluß tiefsten Überzeugungen noch viel deutlicher fühlbar. Er war im Elternhaus gewohnt, die Dinge im Bann der ewigen Mächte zu betrachten, und ist, wie der befreundete Geistliche an seinem Sarge uns zu unserer Überraschung gesagt hat, sein Leben lang tief religiös gewesen. „Lobe den Herrn, meine Seele" war sein Lieblingslied (was auch in musikalischer Beziehung keinen schlechten Geschmack verrät); die Frage der Unterrichtsreform mit ihrer Tendenz, die Religion aus der Schule zu entfernen, habe ihm schweres Bedenken erregt, er sei darauf gefaßt gewesen, öffentlich für die Religion im Herrenhaus, dessen Mitglied er auf Wunsch seines Kaisers geworden war, einzutreten, weil „sie das Beste sei, was wir aus der Jugend hinüberretten". Als das letzte Stündlein kam, hat Bergmann in Demut betend sich an seinen Gott gewandt. Es ist von großem Wert, zu wissen, daß ein Mann dieses Schlages also kein Materialist war, daß er, trotz medizinischer Schulung, einen religiösen Unterstrom in sich bewahrte, aus dem seine Begeisterung für alle Taten der Nächstenliebe eine verborgene Speisung erfuhr. Er hatte, trotz aller Weltlichkeit und trotz der Fülle seiner Naturwissenschaft, nicht das Beten aus der Kinderstube und nicht seinen Heimatglauben verlernt. Auch seine Liebe zur russischen Heimat mag oft auf eine harte Probe gestellt worden sein; so zum Beispiel, als ihm die Gnade des russischen Kaisers den Petersburger oder Kiewer Lehrstuhl der Chirurgie anbot und er zugleich einen Ruf nach Würzburg (1878) erhielt. Gern hätte gewiß der Zar einen so bewährten Mann dem russischen Reich erhalten; und Bergmanns Rede auf dem Schlachtenfelde von Plewna hat bewiesen, daß ihm seine Entscheidung für das deutsche Vaterland nicht leicht geworden sein kann. Hatte ihm doch die russische Heimat seine ganze Erziehung und Bildung geschenkt. In der Privatanstalt Birkenruh bei Wenden wurde er nach mehrjährigem Unterricht im Elternhaus für das Universitätsstudium vorgebildet, das er von Anfang bis zu Ende in Dorpat absolvierte. Nach dem, was Bergmann gelegentlich aus seiner Studentenzeit erzählte, und nach der humorvollen Fröhlichkeit, die ihn beim Pokulieren erfassen konnte, muß er ein lustiger, ja ein ausgelassener Bruder Studio gewesen sein; wenigstens hatte er ja als junger Assistent in Dorpat noch keineswegs das Vergnügen an lustigen Studentenstücklein verloren und ein bißchen Schalkhaftigkeit saß ihm trotz hohen Ämtern und Würden doch wohl immer im Nacken. Nicht viele werden von seinem herzigen, kindlichen Humor etwas zu kosten bekommen haben; den meisten Kollegen gab er sich zwar höflich und ohne Zwang, doch mit einer gewissen Reserve und Zugeknöpftheit.

Bergmann promovierte im November 1860 in Dorpat. Seine Doktorarbeit betraf die Wirkungen von Balsamen auf den tierischen Körper. Sehr bald darauf erhielt er eine Assistentenstelle an der dortigen Chirurgischen Universitätsklinik, die von den Professoren von Adelmann und von Oettingen abwechselnd geleitet wurde. Vier Jahre später habilitierte er sich als Privatdozent für Chirurgie. Eine Studienreise führte ihn nach Wien und Berlin und 1866 folgte er dem Ruf des Generalarztes Wagner in Königsberg als dessen außerordentlicher Assistent und ging, dem Generalarzt dauernd attachiert, mit in den preußisch-österreichischen Feldzug. Im Jahr 1870 war er gerade im Physiologischen Institut des Professors Kühne in Amsterdam beschäftigt, als der Krieg ausbrach. Er eilte nach Berlin und fand in der ärztlichen Armeereserve eine Anstellung, die ihm ermöglichte, die Schlachten von Weißenburg und Wörth mitzumachen. Er hatte das Glück, den beiden größten lebenden Chirurgen nach Langenbeck, Billroth und Volkmann, bei ihrer schweren Arbeit helfen zu dürfen: in Mannheim, wo ihm das Kriegs-Reservelazarett „Seilebohn" übertragen wurde. In Karlsruhe war er eine Weile in einem Barackenlazarett angestellt und machte später die Fahrten nach Belfort und Paris mit dem badischen Sanitätszug mit. Nach 1871 kehrte er nach Dorpat zurück, wo er noch im Juli desselben Jahres zum Nachfolger seines Lehrers Adelmann ernannt wurde. In verhältnismäßig jungen Jahren also hatte er Gelegenheit, den größten Schauplatz chirurgischer Massenarbeit, den Krieg und seinen regen chirurgischer Verletzungen zu schauen. Was ein ganzes Menschenleben an Beobachtung in Friedenszeiten nicht zu betrachten gestattet, streute hier ein einziges Jahr vor den staunend sich weitenden Augen des jungen Chirurgen aus. Es war ergreifend, Bergmanns lebhaften Schilderungen aus dieser Zeit zu lauschen; sein offener Blick und sein warmes Herz sahen und empfanden neben all dem Verblüffenden im rein chirurgischen Sinn auch die tiefe, der ganzen Menschheit in einem Kriege geschlagene Wunde, die grenzenlose Trauer, die mit solcher Menschheitskatastrophe hereinbricht. Hier und später im russisch-türkischen Krieg (1877), den er im Hauptquartier des Großfürsten Nikolai Nikolajewitsch mitmachte, hat Bergmann all das gesehen und gelernt, was er später für die Pflege und für die Schonung Verwundeter empfahl. Noch war ja die Zeit für die Antisepsis nicht reif. Zwar hatte Lister schon 1869 seine ersten Arbeiten veröffentlicht, schon hatte ein deutscher Stabsarzt, Schulze, die ersten Lobeshymnen auf das Verfahren zur Vermeidung der Wundzersetzung und Mikroorganismen begonnen; aber noch lange Zeit verging, ehe die Methoden Listers, des großen Menschheitswohltäters, Allgemeingut der Ärzte waren. Was Wundfäule, Ruhr, Cholera damals unter den Augen Bergmanns, der als Konsultat-Chirurg der Donauarmee die Schlachten bei Plewna, Felisch und Gorni-Dubnick mitmachte, in dem russischen Heer angerichtet haben, mag sich als eine große Sehnsucht nach Besserung dieser fürchterlichen Verhältnisse so stark im Herzen Bergmanns verdichtet haben, daß er einer der ersten und glühendsten Befürworter der strengen Methoden Listers (des nun Verschiedenen) wurde, schon zu einer Zeit, als noch ein Billroth kühn genug war, Volkmann zu verspotten, der glatt auf den Listerischen Schwindel hineingefallen sei.

Während Bergmann von 1878 bis 1882 in Würzburg als Lehrer der Chirurgie lebte (in verhältnismäßig stiller, gleichsam vorbereitender Organisation des klinischen Dienstes), festigte sich in ihm ein neues Programm der Wundbehandlung. Bergmanns ganze Bildungsrichtung war bisher durchaus anatomisch-physiologisch gewesen. Sein inniger Verkehr mit dem genialen Physiologen des Blutes, Alexander Schmidt in Dorpat, mag ihm wohl die physiologisch-chemische Tendenz gegeben haben, die sich in seinen ersten bedeutenden Arbeiten über „Das putride Gift", „Die Fieber und Entzündung erregenden Wirkungen der Produkte des fauligen und entzündlichen Gewebszerfalles", „Das Sepsin" offenbart. Bergmann war hier, in seiner kräftigsten Manneszeit, also ganz auf dem Boden der Humoralpathologie, ganz den Theorien zugeneigt, die alle Krankheitserscheinungen aus einer chemischen Alterationen des Blutsaftes herzuleiten sich bemühten. Wie es kam, daß er später, in seinem Alter, diesen Anschauungen seiner besten Jahre abhold wurde, wird noch kurz erwähnt werden. Zunächst war Würzburg für ihn die Quelle, aus der er Virchows Fundamentalsätze von den Zellen als den letzten biologischen Einheiten schöpfte. Da entstand die von Pasteur begründete, von Lister früh und vorgreifend in die größte praktische Konsequenz übertragene, von Koch durch geniale Methodik zu einem neuen biologischen Riesenarbeitsfeld grandios erweiterte Bakteriologie. Wohlgerüstet mit den Waffen aus allen vorhandenen Arsenalen, kam Ernst von Bergmann 1882 im August nach Berlin, ein bis dahin völlig unbekannter Mann und doch der Nachfolger eines Bernhard von Langenbeck. Damals kursierte ein von dem greisen Bardeleben geprägtes Wort: „Weiß der Himmel, wo gerade den wieder der Minister ausgegraben hat"; womit angedeutet werden sollte, wie wenig man sich von dem bisher stillen Unbekannten versprach. Es war die spannungsvolle Erwartung vor einem Sturm. Ich selbst war Zeuge des jähren Wandels der Dinge, als letzter Famulus (Koassistent) von

Langenbeck und als übernommener Famulus des neuen Herrn. Vor unserem Auge vollzog sich eine verblüffende Neuordnung der Dinge, die zu den interessantesten Kapiteln meiner medizinischen Erinnerungen gehört. Vor dem entschlossen zupackenden Griff des eben gelandeten Eroberers blieb kaum ein Stein auf dem anderen. Ein bis in die letzten Einzelheiten ausgearbeitetes System des antiseptischen Drills wurde mit der Strenge und Pedanterie einer militärischen Instruktion den alten, liebgewordenen Gepflogenheiten gegenübergestellt. War Langenbeck ein Genie gewesen, dessen sichere, elegante Aristokratenhand seine fast ausschließlich von ihm selbst erfundenen Operiermethoden demonstrierte, wie ein Virtuos seine anderen unerreichbares, staunendwertes, nur ihm gegebenes Können, war Langenbeck der Geist und die Seele der Chirurgie selbst, so glich sein Nachfolger einem großartigen Organisator der überkommenden, zusammengefaßten und in einem System lehrbaren Ideen der Vergangenheit und der Gegenwart. Wie Moltke, die Ideen des großen Friedrich und Napoleons verschmelzend, einer Armee die Mittel aufzwang, zu siegen durch Manöverübungen und den vielverschrienen preußischen Drill, der uns doch ein Vaterland zusammenschweißte. So verstand Bergmann, das Überlieferte, das genialisch Verstreute zu fundamentieren und mit allen Mitteln des Diktators den Schülern aufzuzwingen. Trotz allem Kopfschütteln im Anfang und dem hämischen Vermissen des eigentlich Genialen, das man doch an Langenbeck gewohnt sei, ist es heute zweifellos, daß von der durch Bergmann angebahnten Erziehung zu einer Technik des chirurgischen Gewissens gegen den Leidenden der größte Segen ausgegangen ist. Erst mit diesen Methoden im Tornister, die bis ins kleinste zur Wirksamkeit gegen die Bakterien ausgeklügelt waren, konnte jeder Rekrut die Anwartschaft zu einem General in sich fühlen. Die Genies mochten für sich selber sorgen; hier hieß es erst einmal: Griffe üben, sich halbe Stunden lang vorbereiten, eine stete présence de danger abtaxieren lernen, ehe man daran gehen durfte, Schlachten zu schlagen. Mag sein, daß Bergmann nicht der Erste war, der den großen Schritt von der Bekämpfung der Bakterien (Antisepsis) zur Methode der Fernhaltung der Bakterien (Asepsis), vom Irrtum zu der in der Schale verborgenen Wahrheit gewagt hatte, mag auch dem hochverdienten Kieler Chirurgen Neuber der Ruhm bleiben, fast alles vorher schon erfüllt zu haben, was Schimmelbusch und Bergmann zu einem anscheinend nagelneuen System zusammenstellten: Bergmann war doch der Mann, aus dessen Hand der volle Segen der Gedanken und Taten Lawson Taits und Neubers hervorging. Mag nun auch Neuber dem großen Organisator dankbar sein: durch ihn sind seine

Werke des beliebenden Bestandes um so sicherer.

In jenen ersten Tagen der Neuordnung war eines Morgens ein zwölfjähriger, auffallend schöner Knabe aus Schönberg in die Klinik eingeliefert worden, der nach einer Verletzung am Fuße schwere Anfälle von Wundstarrkrampf bekommen hatte. Obwohl die Wunde mit größter Sorgfalt geöffnet und desinfiziert worden war, wiederholten sich die gegen Abend die Krämpfe, und Bergmann beauftragte uns jüngere Famuli, bei dem Kranken die Nacht durchzuwachen und jeden Anfall mit Chloroform-Narkose zu bekämpfen. Drei Uhr nachts war es, als sich plötzlich die Tür auftat und der neue Chef im Frack und vollen Ordensschmuck eintrat, um nach dem Kinde zu sehen. Er schlug die Decke von dem tief Betäubten zurück und sprach ergreifende Worte: über die Griechenschönheit dieses jungen Leibes, über den Segen der Narkose und über das Mysterium des Todes. Wir waren erschüttert, als er trauernd dem sterbenden Kinde über die Stirn strich und dann sinnend davonging. Die Szene hatte auf mich einen unvergeßlichen Eindruck gemacht. Niemals in meinem Leben hatte ich einen Menschen so hinreißend, so wehmütig tief und so ganz im Ton einer ärztlichen Priesterschaft am Krankenbett reden hören.

Und wie brach der zündende Strom seines Vortrages im Kolleg hervor! Welches Temperament, welche Begeisterungsfähigkeit für die gestellten Aufgaben, welche Fülle und Gegenwärtigkeit des Fachwissens, welche Beherrschung aller Hilfswissenschaften, namentlich der pathologischen Anatomie! Wir, die Bergmann und Virchow hörten, hatten stets den Eindruck, Bergmann sei dem Klassiker namentlich auf dem Gebiete der pathologischen Anatomie der Knochen mindestens ebenbürtig; so völlig beherrschte er jedes histologische Detail. Wie im Kolleg durch den Schwung seines Vortrages, so begeisterte er im Anatomiesaal durch unermüdliche Hingabe an die Sache. Schon um sechs oder sieben Uhr früh war in der Charité. Seine Kraft schien unerschöpflich. Sechzehn Stunden währte, so sagte der Priester an seinem Sarg, sein Normalarbeitstag; und doch hat er in den Stunden der Ruhe niemals ein Leidender umsonst an ihn appelliert. Seine Familie habe ihn kaum je ermattet, sondern stets in mitempfindender Liebe für jeden einzelnen bedacht, auch an den Tagen schwerer Pflichterfüllung, gesehen. Kein Wunder; er hatte zu den Seinen ja das Wort gesprochen: „Man ist nicht zu seinem Glück auf der Erde, sondern dazu, es anderen zu bereiten." Bedenkt man, daß Bergmann trotz der Arbeitslast ein Freund er Geselligkeit war, so steht man staunend vor der Hünenhaftigkeit dieser urgesunden Natur. Von seiner Macht der Rede und seiner dabei noch spätestens Abendstunden herzgewinnenden Frische waren wir oft Zeugen in der Medizinischen Gesellschaft, in der Ärztekammer, in den Sitzungen der Ärztlichen Rettungsgesellschaft. Er hat all seine reichen Gaben in den Dienst seines Berufes gestellt, war ein Diplomat und Weltmann, wo es galt, die Mittel für Stiftungen großen Stiles zu beschaffen, überredete spielend große Künstler und Millionäre zu Wohltätigkeitsleistungen und wußte stets die für den Zweck geeigneten Männer zu finden.

Seine größten Segenswirkungen aber hat er erzielt durch die Schulung seiner Assistenten und Hörer; denn dadurch wurde seiner Wissenschaft und Kunst die ausgedehnteste Verbreitung. Was in der Hand so geschulter Chirurgen das Messer zu leisten vermochte, weiß heutzutage ja auch der Laie aus seiner Zeitung zu gut, als daß hier der Triumphzug im einzelnen beschrieben zu werden brauchte, den die aseptischen Methoden unter Bergmanns, Billroths, Czernys, Miculiczs und anderer Führung angetreten haben. Keine Körperhöhle, und sei es die Hülle des Herzens oder sogar dieser tiefgelegene Sprudel des Lebenssaftes selbst, war so verborgen, daß nicht Messer, Säge und Schere, Nadel und Unterbindungsfaden des Chirurgen zu ihnen hindurchreichte; kein Organ. Sei es Magen, Darm, Niere, Milz oder Leber, an dem nicht kühnste, das Leben rettende Eingriffe gewagt werden konnten. Bergmann selbst war es, der in vorbildlicher Weise die Kapsel des geistigen Geschehens eröffnen und eine große Zahl krankhafter Zustände am Gehirn, dieser mächtigen Seelenzentrale, chirurgisch beikommen lehrte. Bergmann und die Klinik in der engen Ziegelstraße wurden Kraftquellen, von denen aus die Chirurgie der ganzen Welt Licht und Arbeitsstoff bezog. Er hat bis zum letzten Atemzug dieses Leuchtfeuer mit eigener Hand genährt; auf höchster Warte hat er Ausschau gehalten, ob rings im Land und darüber hinaus nicht Fackeln aufleuchteten, deren Glut der von ihm gehüteten Flamme zu gewinnen sei. Freilich hat er auch manchmal geirrt und einen Brand, der kläglich verlosch, für ein Himmelslicht gehalten. So, als er in heller Begeisterung dem Taumel der Tuberkulinimpfung zündende, leider nicht langlebige Worte lieh. Als er dann die modernen humoralpathologischen Lehren Behrings ablehnte, sagte er im Hinblick auf seine Parteinahme für das tuberkulin wehmütig: „Sie begreifen, meine Herren: als gebranntes Kind scheue ich das Feuer!" Wohl hat er hier und da Dingen, die Zukunft in sich hatten, mit allzu hartem Hemmungsdruck das Aufkommen schwer gemacht; er hat aber auch Unzählige ermutigt und ihnen Kredit verschafft. Ich erfülle eine Dankespflicht, wen ich ihm nachrühme, daß er den Bestrebungen zur Einführung der Infiltrationsanästhesie, nachdem er sich von ihrer Brauchbarkeit als Methode bei seinem kaiserlichen Herrn selbst überzeugt hatte, ein warmer, schützender Freund geworden ist, trotzdem dieser neue Weg von so vielen übersehen wurde und verschüttet werden sollte.

So schaue denn die Nachwelt dankbar empor zu dem aus edlem Metall gefügten Monument, das sich Ernst von Bergmann durch seine Taten und sein Wirken selbst gesetzt hat. Er war ein großer Meister und ein großer Mensch, einer von den ganz Wenigen, die imstande sind, die flammende Sehnsucht ihrer Jugend bis in ein gesegnetes Alter zu erfüllen. Was seiner edlen Natur zu erreichen war, hat er, beglückt und dankbar, erreicht; nachdem ihm eben noch der Lieblingswunsch seiner letzten Jahre, die Gründung der großstädtischen Rettungsgesellschaften, fast bis zur letzten Krönung, der Übernahme des Rettungswerkes durch die Stadt Berlin, geglückt war, starb er, ein Moses, der ein Kanaan nicht nur von fern sah, sondern der es auch selbst bebauen durfte, um es anderen zur Heimat zu geben.

Wer wird sein Erbe sein? Auf welchem neuen Weg soll er kommen? Wie vor dem vergleichenden Blick der nachlebenden bestehen? Bergmann hatte, ein königlicher Lotse, ein lichtes Segensschiff dem Hafen zugeführt. Von welcher Richtung wird der Wind wehen, aufs neue zu kühnen Entdeckerfahrten die Segel zu schwellen? Was die Chirurgie seiner Tage war, das repräsentierte Ernst von Bergmann in wahrhaft vollendeter Weise, wie einst Bernhard von Langenbeck, bevor der neue Mann einzog. Welche Möglichkeiten, Aussichten, Ziele hätte der Kommende? So fragt man wohl, wenn ein Fürst zur Ruhe ging. Wir wollen versuchen, kurz unsere Hoffnungen zu nennen.

Was die Technik der Chirurgie leisten kann, ist der Erfüllung nah und unaufhaltsam wird sie ihren Siegeslauf vollenden. Die Zukunft der Medizin wird methodisch sein oder die Medizin wird zurückgehen. Narkose, Asepsis, Anästhesie, Röntgenlicht, Serumtherapie, elektrische Durchleuchtung: das sind Beispiele, die lehren, welche Fülle von Segen den methodischen, exakten, allgemein anerkannten und dauernd gültigen Erfindungen entströmt ist. Hier überall steht, an der Stelle der Laune, auf verschiedenen Wegen nach Rom zu gelangen, immer nur ein ganz bestimmter, ein ans Ziel führender Pfad zu Gebote. Wo wir in der Medizin etwas ganz sicher können, gibt es keine Lehrmeinung, keine Schule, kein Outsidertum, keine Kurpfuscherei, kein Individualisieren (ein Wort, das so reich und bestechlich am Klang, so arm, so bitter arm an Inhalt ist).Die dem Laien schmeichelhafte Vorstellung, als könne die Medizin ein geheimnisvolles Eingehen auf etwas gänzlich Undefinierbares, die biologische Persönlichkeit, das Individuum, erreichen, ist leider nicht mehr als eine Phrase. Man müßte denn die Wahl einer größeren oder geringeren Dosis, eines mehr oder weniger tiefen Schnittes mit dem stolzen

Wort „Individualisieren" benennen: gerade so bescheiden individualisiert, wer dem Kunden einen größeren oder kleineren Hut oder Stiefel anmißt. Nein: statt durch eine geheimnisvolle Fähigkeit, die ein einzelner wohl einmal besitzen mag, Wunder zu tun, wollen wir, wie Bergmann, streben, gegen jedes Leid eine streng lernbare Methode, ein nimmer versagendes Programm zu finden. Einst wird es keine Kurpfuscher und Wunderdoktoren mehr geben: sobald die die Medizin dieses Ideal, gegen jede Krankheit eine methodische Behandlung ersonnen zu haben, erreicht hat. Nur bis dahin werden viele nach Rom führen; schon heute gibt es da, wo wir Wissende sind, nur einen, gewiß willig beschrittenen Weg. So ist die Chirurgie groß geworden: und in diesem Sinn wird die Medizin immer chirurgischer werden, denn das rastlose Streben nach neuen Erkenntnismethoden wird auch konsequente Umsetzungen in methodische Taten der Verhütung und Heilung bewirken. So sind die Wege gebahnt, die Ziele sichtbar. Die Weberschiffchen gleiten, die goldenen Eimer steigen.

Schien es uns einst undenkbar, den Ruhm eines Langenbeck zu erreichen, so scheint heute erst recht eine schwere, undenkbare Aufgabe, Bergmanns Warte zu erklimmen. Aber die schöpferische Natur ist reich an Möglichkeiten des Ersatzes für die zu unserem Schmerz abberufenen. Wer aber auch der Empfänger einer so kostbaren Erbschaft sei: wir alle wissen, daß er sie wahren, und hoffen, daß er sie mehren wird.

Editorische Notiz:

Der Text der vorliegenden Edition folgt der Ausgabe:

Carl Ludwig Schleich: Erinnerungen an Strindberg nebst Nachrufen für Ehrlich und von Bergmann, München und Leipzig 1917.

Der Text wurde aus Fraktur übertragen. Die Orthographie wurde behutsam modernisiert, grammatikalische Eigenheiten bleiben gewahrt. Die Interpunktion folgt der Druckvorlage.

Ebenfalls im SEVERUS Verlag erhältlich:

Carl Ludwig Schleich
Das Ich und die Dämonien
SEVERUS 2011 / 252 S. / 39,50 Euro
ISBN 978-3-86347-099-9

„Denn für mich ist es keine Frage, alle Psychologie und Psychiatrie kann nicht fortschreiten, ehe nicht, wenn ich es nicht sein könnte oder dies Ziel verfehle, ein besserer „Ingenieur des Gehirns" kommt, der allen unsern philosophischen, geisteswissenschaftlichen und erkenntnistheoretischen Grundbegriffen festen physiologischen Unterbau gibt."

Was ist das „Ich"? - Die epistemologische Auseinandersetzung mit Begriffen wie Bewußtsein, Geist und Seele war lange Zeit der Philosophie vorbehalten. Doch nicht erst seit der in den achtziger Jahren neu entfachten Willensfreiheitsdebatte, werden Gegenstände der Metaphysik auch vom naturwissenschaftlichen Standpunkt aus betrachtet.

Der Chirurg und Schriftsteller Carl Ludwig Schleich (1859-1922) setzt sich auf Grundlage medizinischer Erkenntnisse im Bereich der Neurologie mit der Beschaffenheit des „Ichs" und seiner Dämonien, z.B. Störungen oder Perversionen natürlicher menschlicher Triebe, auseinander, und bringt dem Leser seine Ideen näher, ohne dabei medizinisches Fachwissen vorauszusetzen.

www.severus-verlag.de

Bisher im SEVERUS Verlag erschienen:

Achelis, Th. Die Entwicklung der Ehe * Die Religionen der Naturvölker im Umriß, Reihe ReligioSus Band V * **Andreas-Salomé, Lou** Rainer Maria Rilke * **Arenz, Karl** Die Entdeckungsreisen in Nord- und Mittelafrika von Richardson, Overweg, Barth und Vogel * **Aretz, Gertrude (Hrsg)** Napoleon I - Briefe an Frauen * **Ashburn, P.M** The ranks of death. A Medical History of the Conquest of America * **Avenarius, Richard** Kritik der reinen Erfahrung * Kritik der reinen Erfahrung, Zweiter Teil * **Beneke, Otto** Von unehrlichen Leuten: Kulturhistorische Studien und Geschichten aus vergangenen Tagen deutscher Gewerbe und Dienste * **Berneker, Erich** Graf Leo Tolstoi * **Bernstorff, Graf Johann Heinrich** Erinnerungen und Briefe * **Bie, Oscar** Franz Schubert - Sein Leben und sein Werk * **Binder, Julius** Grundlegung zur Rechtsphilosophie. Mit einem Extratext zur Rechtsphilosophie Hegels * **Bliedner, Arno** Schiller. Eine pädagogische Studie * **Birt, Theodor** Frauen der Antike * **Blümner, Hugo** Fahrendes Volk im Altertum * **Brahm, Otto** Das deutsche Ritterdrama des achtzehnten Jahrhunderts: Studien über Joseph August von Törring, seine Vorgänger und Nachfolger * **Braun, Lily** Lebenssucher * **Braun, Ferdinand** Drahtlose Telegraphie durch Wasser und Luft * **Brunnemann, Karl** Maximilian Robespierre - Ein Lebensbild nach zum Teil noch unbenutzten Quellen * **Büdinger, Max** Don Carlos Haft und Tod insbesondere nach den Auffassungen seiner Familie * **Burkamp, Wilhelm** Wirklichkeit und Sinn. Die objektive Gewordenheit des Sinns in der sinnfreien Wirklichkeit * **Caemmerer, Rudolf Karl Fritz** Die Entwicklung der strategischen Wissenschaft im 19. Jahrhundert * **Casper, Johann Ludwig** Handbuch der gerichtlich-medizinischen Leichen-Diagnostik: Thanatologischer Teil, Bd. 1 * Handbuch der gerichtlich-medizinischen Leichen-Diagnostik: Thanatologischer Teil, Bd. 2 **Cronau, Rudolf** Drei Jahrhunderte deutschen Lebens in Amerika. Eine Geschichte der Deutschen in den Vereinigten Staaten * **Cunow, Heinrich** Geschichte und Kultur des Inkareiches * **Cushing, Harvey** The life of Sir William Osler, Volume 1 * The life of Sir William Osler, Volume 2 * **Dahlke, Paul** Buddhismus als Religion und Moral, Reihe ReligioSus Band IV * **Eckstein, Friedrich** Alte, unnennbare Tage. Erinnerungen aus siebzig Lehr- und Wanderjahren * Erinnerungen an Anton Bruckner * **Eiselsberg, Anton Freiherr von** Lebensweg eines Chirurgen * **Eloesser, Arthur** Thomas Mann - sein Leben und Werk * **Elsenhans, Theodor** Fries und Kant. Ein Beitrag zur Geschichte und zur systematischen Grundlegung der Erkenntnistheorie. * **Engel, Eduard** Shakespeare * Lord Byron. Eine Autobiographie nach Tagebüchern und Briefen. * **Ewald, Oscar** Nietzsches Lehre in ihren Grundbegriffen * Die französische Aufklärungsphilosophie * **Ferenczi, Sandor** Hysterie und Pathoneurosen * **Fichte, Immanuel Hermann** Die Idee der Persönlichkeit und der individuellen Fortdauer * **Fourier, Jean Baptiste Joseph Baron** Die Auflösung der bestimmten Gleichungen * **Frimmel, Theodor von** Beethoven Studien I. Beethovens äußere Erscheinung * Beethoven Studien II. Bausteine zu einer Lebensgeschichte des Meisters * **Fülleborn, Friedrich** Über eine medizinische Studienreise nach Panama, Westindien und den Vereinigten Staaten * **Gmelin, Johann Georg** Quousque? Beiträge zur soziologischen Rechtfindung * **Goette, Alexander** Holbeins Totentanz und seine Vorbilder * **Goldstein, Eugen** Canalstrahlen * **Graebner, Fritz** Das Weltbild der Primitiven: Eine Untersuchung der Urformen weltanschaulichen Denkens bei Naturvölkern * **Griesinger, Wilhelm** Handbuch der speciellen Pathologie und Therapie: Infectionskrankheiten * **Griesser, Luitpold** Nietzsche und Wagner - neue Beiträge zur Geschichte und Psychologie ihrer Freundschaft * **Hanstein, Adalbert von** Die Frauen in der Geschichte des Deutschen Geisteslebens des 18. und 19. Jahrhunderts * **Hartmann, Franz** Die Medizin des Theophrastus Paracelsus von Hohenheim * **Heller, August** Geschichte der Physik von Aristoteles bis auf die neueste Zeit. Bd. 1: Von Aristoteles bis Galilei * **Helmholtz, Hermann von** Reden und Vorträge, Bd. 1 * Reden und Vorträge, Bd. 2 * **Henker, Otto** Einführung in die Brillenlehre * **Kalkoff, Paul** Ulrich von Hutten und die Reformation. Eine kritische Geschichte seiner wichtigsten Lebenszeit und der Entscheidungsjahre der Reformation (1517 - 1523), Reihe ReligioSus Band 1 * **Kautsky, Karl** Terrorismus und Kommunismus: Ein Beitrag zur Naturgeschichte der Revolution *

www.severus-verlag.de

Kerschensteiner, Georg Theorie der Bildung * **Klein, Wilhelm** Geschichte der Griechischen Kunst - Erster Band: Die Griechische Kunst bis Myron * **Krömeke, Franz** Friedrich Wilhelm Sertürner - Entdecker des Morphiums * **Külz, Ludwig** Tropenarzt im afrikanischen Busch * **Leimbach, Karl Alexander** Untersuchungen über die verschiedenen Moralsysteme * **Liliencron, Rochus von / Müllenhoff, Karl** Zur Runenlehre. Zwei Abhandlungen * **Mach, Ernst** Die Principien der Wärmelehre * **Mausbach, Joseph** Die Ethik des heiligen Augustinus. Erster Band: Die sittliche Ordnung und ihre Grundlagen * **Mauthner, Fritz** Die drei Bilder der Welt - ein sprachkritischer Versuch * **Meissner, Franz Hermann** Arnold Böcklin * Meyer, Elard Hugo Indogermanische Mythen, Bd. 1: Gandharven-Kentauren * **Müller, Adam** Versuche einer neuen Theorie des Geldes * **Müller, Conrad** Alexander von Humboldt und das Preußische Königshaus. Briefe aus den Jahren 1835-1857 * **Oettingen, Arthur von** Die Schule der Physik * **Ostwald, Wilhelm** Erfinder und Entdecker * **Peters, Carl** Die deutsche Emin-Pascha-Expedition * **Poetter, Friedrich Christoph** Logik * **Popken, Minna** Im Kampf um die Welt des Lichts. Lebenserinnerungen und Bekenntnisse einer Ärztin * **Prutz, Hans** Neue Studien zur Geschichte der Jungfrau von Orléans * **Rank, Otto** Psychoanalytische Beiträge zur Mythenforschung. Gesammelte Studien aus den Jahren 1912 bis 1914. * **Ree, Paul Johannes** Peter Candid * **Rohr, Moritz von** Joseph Fraunhofers Leben, Leistungen und Wirksamkeit * **Rubinstein, Susanna** Ein individualistischer Pessimist: Beitrag zur Würdigung Philipp Mainländers * Eine Trias von Willensmetaphysikern: Populär-philosophische Essays * **Sachs, Eva** Die fünf platonischen Körper: Zur Geschichte der Mathematik und der Elementenlehre Platons und der Pythagoreer * **Scheidemann, Philipp** Memoiren eines Sozialdemokraten, Erster Band * Memoiren eines Sozialdemokraten, Zweiter Band * **Schlösser, Rudolf** Rameaus Neffe - Studien und Untersuchungen zur Einführung in Goethes Übersetzung des Diderotschen Dialogs * **Schweitzer, Christoph** Reise nach Java und Ceylon (1675-1682). Reisebeschreibungen von deutschen Beamten und Kriegsleuten im Dienst der niederländischen West- und Ostindischen Kompagnien 1602 - 1797. * **Sommerlad, Theo** Die soziale Wirksamkeit der Hohenzollern * **Stein, Heinrich von** Giordano Bruno. Gedanken über seine Lehre und sein Leben * **Strache, Hans** Der Eklektizismus des Antiochus von Askalon * **Sulger-Gebing, Emil** Goethe und Dante * **Thiersch, Hermann** Ludwig I von Bayern und die Georgia Augusta * Pro Samothrake * **Tyndall, John** Die Wärme betrachtet als eine Art der Bewegung, Bd. 1 * Die Wärme betrachtet als eine Art der Bewegung, Bd. 2 * **Virchow, Rudolf** Vier Reden über Leben und Kranksein * **Vollmann, Franz** Über das Verhältnis der späteren Stoa zur Sklaverei im römischen Reiche * **Wachsmuth, Curt** Das alte Griechenland im neuen * **Weber, Paul** Beiträge zu Dürers Weltanschauung * **Wecklein, Nikolaus** Textkritische Studien zu den griechischen Tragikern * **Weinhold, Karl** Die heidnische Totenbestattung in Deutschland * **Wellhausen, Julius** Israelitische und Jüdische Geschichte, Reihe ReligioSus Band VI ***Wellmann, Max** Die pneumatische Schule bis auf Archigenes - in ihrer Entwickelung dargestellt * **Wernher, Adolf** Die Bestattung der Toten in Bezug auf Hygiene, geschichtliche Entwicklung und gesetzliche Bestimmungen * **Weygandt, Wilhelm** Abnorme Charaktere in der dramatischen Literatur. Shakespeare - Goethe - Ibsen - Gerhart Hauptmann * **Wlassak, Moriz** Zum römischen Provinzialprozeß * **Wulffen, Erich** Kriminalpädagogik: Ein Erziehungsbuch * **Wundt, Wilhelm** Reden und Aufsätze * **Zallinger, Otto** Die Ringgaben bei der Heirat und das Zusammengeben im mittelalterlich-deutschen Recht * **Zoozmann, Richard** Hans Sachs und die Reformation - In Gedichten und Prosastücken, Reihe ReligioSus Band III

www.severus-verlag.de